日本異次元文明論

前方後円墳は現代アートである

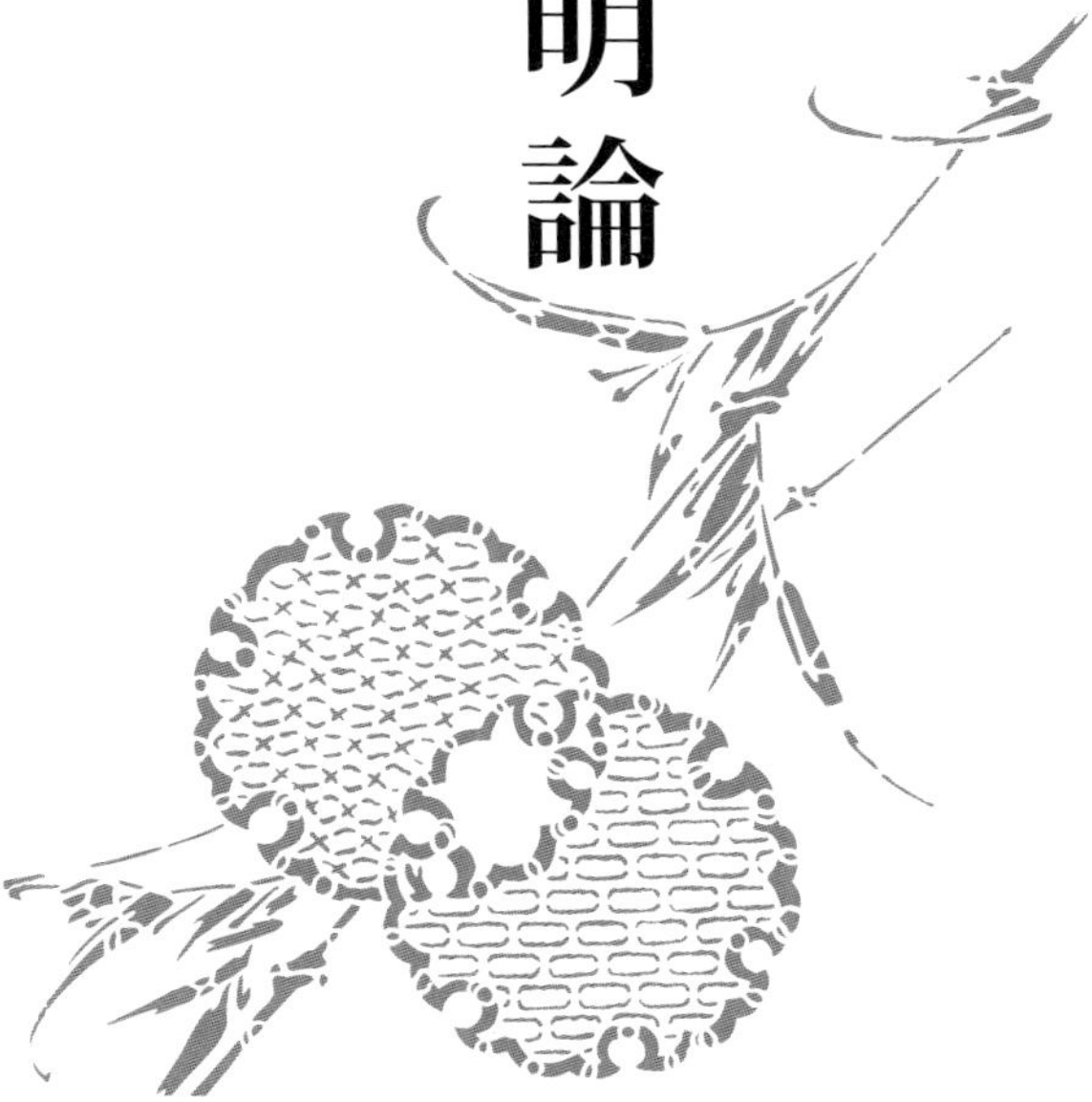

はじめに

私は一昨年の九月にはじめての著作「現代アートが未来を描く」を上梓いたしました。

これは私が常々日本の未来を見据えて、現代日本が抱える問題点を私の生業でもあります、「現代アート」の視点から提示したものでした。それなりの反響があったようにも思われますが、どうにも「現代アート」の視点が馴染めない題材であったのか、私の想いの半分も伝えられなかったように感じております。そのことを思い返しながら、第二弾として今回は日本人の根源的なメンタリティについて、その源流を辿り、古代から改めて見つめ直してみたいと考えています。

実はすでに古代においても、現代アート的な発想があったということです。このことに触れておきたいと思います。縄文時代の土器、遺物はもとより、このたび世界遺産に認定された「百舌鳥、古市古墳群こそ、現代アートであると申し上げたい。「前方後円墳は現代アートである」と。

前方後円墳は、近畿圏を中心に全国に五、〇〇〇箇所ほどあります。誰がはじめたのか不明ですが、時代のトレンドとして、基本設計図から、土木工事まで伝授されて、全国に隈なく拡がりました。当然これだけの土木工事にはお金も必要です、当時の主力産業である農耕の備蓄だけでは遠く及ばず、別の資源、朱、水銀の鉱脈による、海外貿易で原資を賄ったとされています。このことは当時の文献『魏志倭人伝』にもそのことが記されています。その資金で鉄を輸入し、鉄製の道具で前方後円墳の大型土木工事は可能になったとされます。かような技術の伝承によるモノづくりは、この時代から得意とされて、今日の日本のモノづくり王国としての礎は脈々と受け継がれています。しかしこれだけでは、将来的展望に不安を残します。肝心のモノづくりの設計図、指針となるような新たな発想を生み出す力が必要です。もとより、日本の古代にもその発想があったのです。

当時の大仙陵古墳（伝仁徳天皇稜）は海に近く、海外からの出入口である堺に聳え立つ巨大なモニュメントだったのでしょう。これを見た海外の人達は驚き、その国力の豊かさに驚きの声を上げたことでしょう。この国を征服するには、時間と兵力がいることを悟り、野望を断念させるに十二分な偉容であったと推測するものです。これこそ平和外交の現代アートそのものです。

私は、このモニュメントを見学しに行った十五歳の頃をいままざまざと思い出します。この自然モニュメントの出会いが、その後アートの世界に進む道標であったように思います。

また、この「日本異次元文明論」のもうひとつのきっかけに《文明の衝突》というサミュエル・ハンチントン氏の著書があります。

古代四大文明は、メソポタミア文明・エジプト文明・インダス文明・黄河文明というのはあまりにも有名で一般的ですが、その考えは、二十世紀に作られ、《二十世紀太平洋歌》に述べられています。

しかし古代四大文明表記は高校の世界史の教科書から姿を消しつつあり、メソアメリカ文明、アンデス文明 を加えて古代六大文明とする説が 浮上しています。さらに、黄河文明も 現在では 中国文明と記載されているのが多いようです。

１９９６年、ハーバード大学教授・アメリカ政治学会会長であるサミュエル・ハンチントン氏の著書《文明の衝突》では、現在の諸国家を七つまたは八つの主要文明によって区分することを提案され、また次のように９つのカテゴリーにも区分けしています。

①Westerm 西洋諸国―欧米諸国（キリスト教圏）
②Orthodox オーソドックス―ロシアを中心（キリスト教圏）
③Islamic　イスラム圏―アラブ諸国を中心（イスラム教圏）
④African アフリカ―サハラ砂漠以南のアフリカ
⑤Latin American ラテンアメリカ（カトリックを中心としたキリスト教圏）
⑥Sinic 中華圏。東南アジア（朝鮮半島、ベトナムなどの中華圏）
⑦Hindu ヒンズー教圏
⑧Buddhist 仏教圏

そして⑨Japannese 日本圏。日本はどの文明にも属さない、「一国のみで成立する孤立文明」としています。

日本圏以外の文明は、他国集合の文明であるのに対し日本圏は、一国のみで、永い歴史においてその文明を育んできたといえましょう。ある意味、孤高の国として誇れるものではないか。と…。まず、日本人である我々がこの日本特有の文明・文化の面白さを知り、異次元、あるいは異空間とも言える日本の文明・文化について考えてみようと、ペンをとりました。

文明（宗教圏）の分布図

『文明の衝突』より

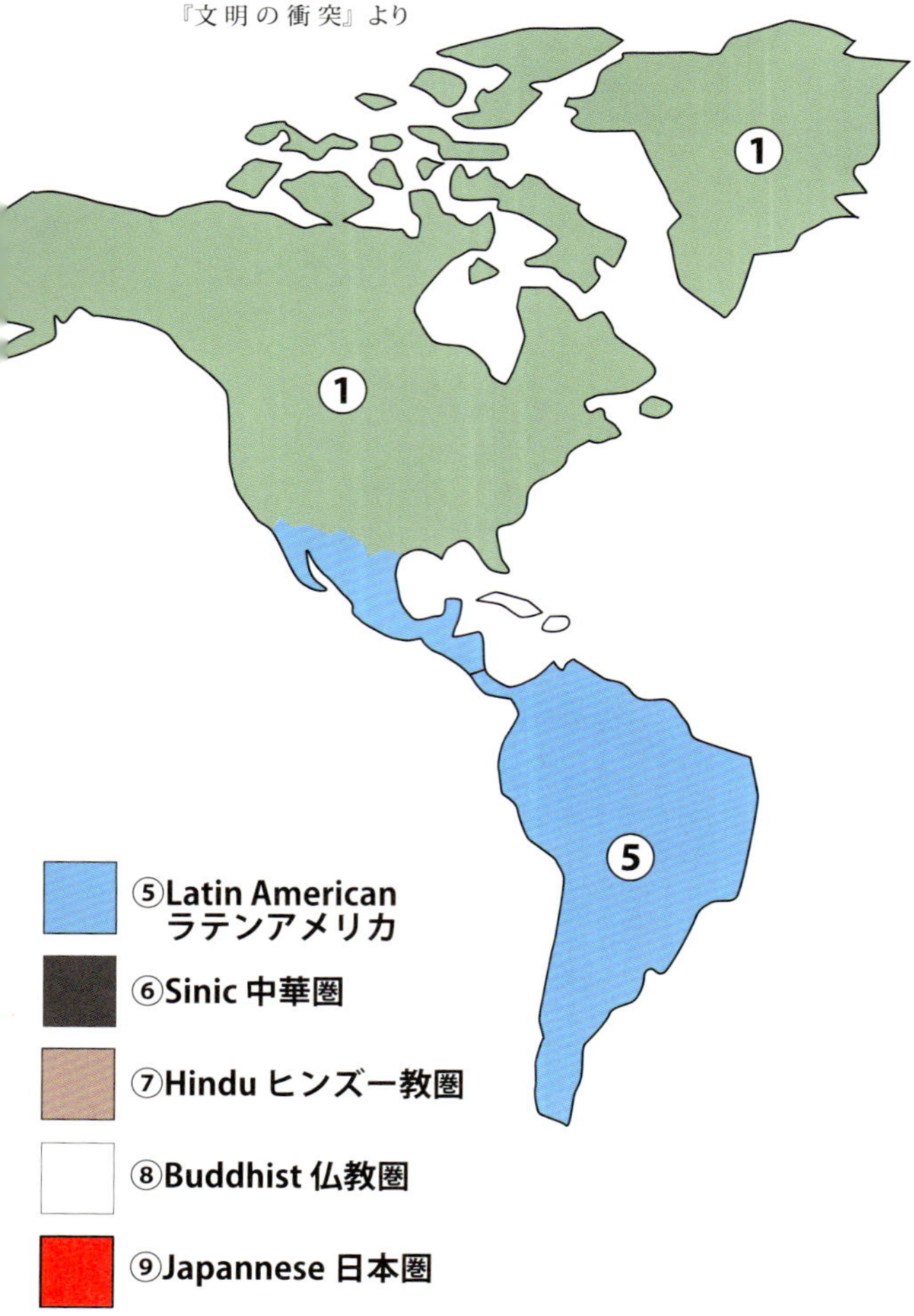

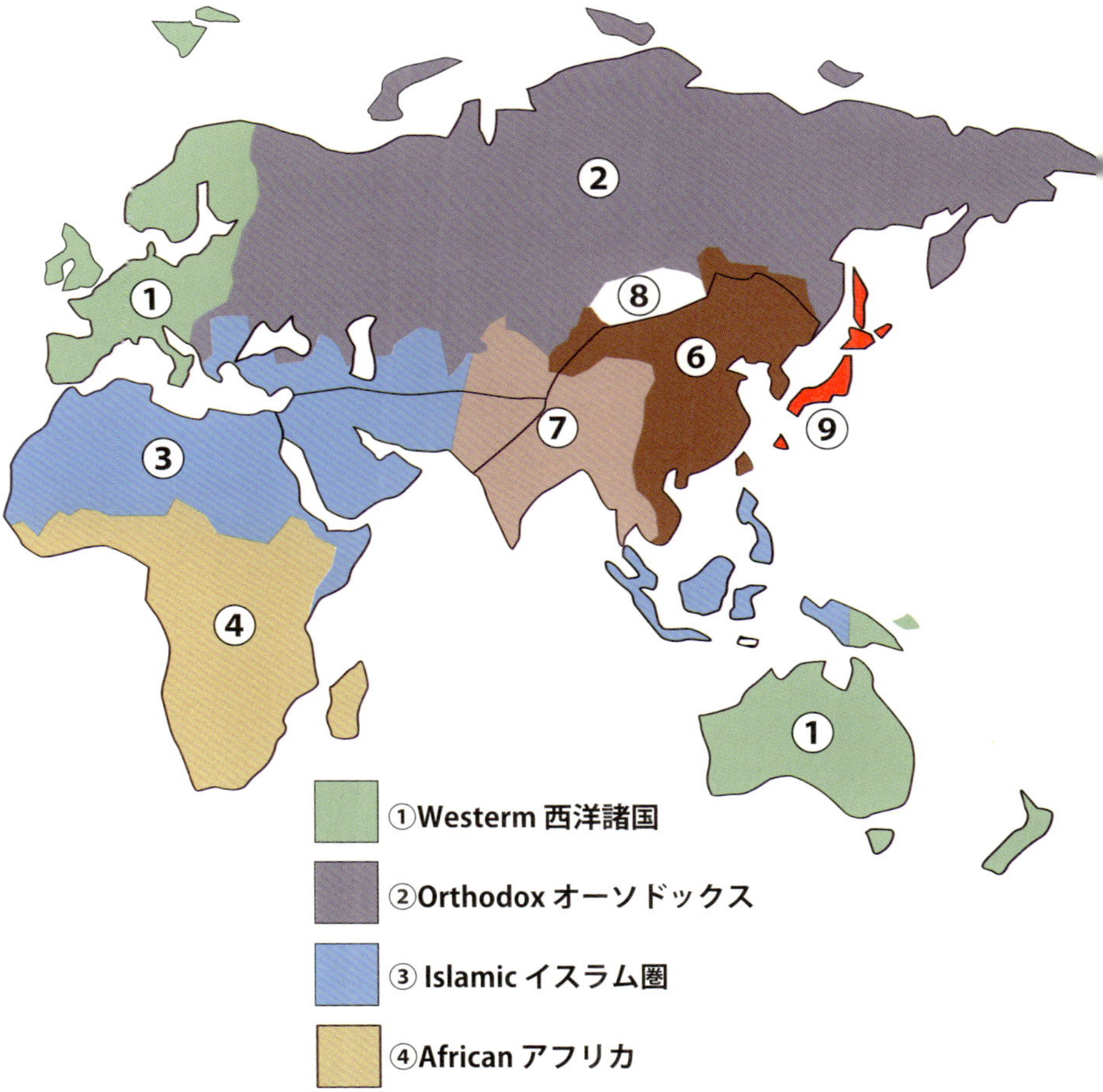
②
①
⑧
⑥
③
⑦
⑨
④
①
①Westerm 西洋諸国
②Orthodox オーソドックス
③ Islamic イスラム圏
④African アフリカ

前方後円墳は現代アートである

日本異次元文明論

目次

第二章　異次元文明を支える日本文化

第一章　古代から現代へと繋ぐ日本の奇異なる文明

アートな世界を物語る日本の異次元文明

さて、日本が諸外国のどの文明にも属さない唯一無二の文明が確立されたのはなぜでしょうか。海に囲まれた、この島国が諸外国との程よい距離感を保ち海外の有益・無益なモノやコトの判別。宗教や文化を素材とし日本独自に自らの好みに加工する技術やアイデアがこの日本の礎になっているのではないでしょうか。それは、最古の時代から現代に至る悠久の歴史の中に伝承されてきた「生活様式の華麗なる変遷」が日本の文明とする所以ではないかと考えます。南米のガラパゴス諸島も同様に海に囲まれていますが、そこはウミイグアナの楽園であり、人が介入する島ではないのです。文明が生まれる術は、人間そのものに他ありません。人が住める環境と高度な技術力、また、協力、共同という平和的な結束。創作物を芸術として認められる寛容な心と未だ新しいものを創り出す精神こそが、日本独自の文明となって生き続けています。

日本文明は、最近研究の進んだ縄文時代の三内丸山遺跡の調査成果を踏まえて、縄文時代を「縄文文明」と呼称し、世界四大文明などの古代文明に匹敵する高度な古代文明社会として位置づけようとする論もあります。

また、古墳時代に築かれた巨大な墳墓はその多くが「前方後円墳」のカタチをとっており、その中で最も大きなものは大仙陵古墳（伝仁徳天皇陵）であります。この度、令和元年に世界文化遺産に登録されました。墳墓の表面積としてはクフ王のピラミッドおよび始皇帝陵をしのぐ世界最大の墳墓であるといわれています。

縄文人の創造力

三内丸山遺跡は、縄文時代の前期から中期にかけて、約１７００年という長きに渡り存続したといわれています。

また、他の地域との交易があり、集会所や、その地域ごとに色々な決め事や規則が決められていたと推測されます。狩猟や採取以外に植物の栽培をしていたともいわれています。それは、集会所といわれる建造物の大きな柱の素材が栗で、それが野生種ではなく、自ら栽培をして単相林を形成していた可能性が高いということは、ＤＮＡから証拠が挙がっているということです。また、青森の是川遺跡では、漆の木を管理育成していた形跡が確認されています。ここにも、漆塗りのルーツが残っていました。交易も盛んで、翡翠の産地は、新潟県の糸魚川であるのに対して加工地は、青森県、三内丸山遺跡で出土しています。また、琥珀や黒曜石などども、他地域であり、産地と加工地は、別であったと考えられます。

このような縄文時代の研究結果を見ても、平和で安定し、豊かな感性を備えた現代と変わらない文明社会がそこにあったのではないかと推測されます。高度な生活を営むサイクルとルールがもうそこにはあったようです。

土器や土偶の出土品もまた、現代人が見てもなんてアートで、ユニークなモノが多いのでしょう。去年あたりから、縄文時代の土器や土偶の展覧会を日本の主要都市で行われるなど、ちょっとした縄文ブームに湧いています。

古代というとどうしても、生活面が重視され、実用的なものを見て、あれこれと縄文時代の人々の暮らしを想像しますが、縄文時代の土器や土偶は「逆行するように非実用的なもの」が多いのです。それはどういう時に生まれるのか。

目に見えるものではない、心で思うものを表現する時?。それこそが抽象思考であり、現代アートにも通じるものがあります。有名な抽象画家、ピカソよりもそれは、一万年以上前にあったということです。

生活用品ではなく、まさに芸術品を創造していたということです。もちろん、死者を弔うこと、神に捧げるもの、王あるいは、尊敬する方への献上品。または、家族や親近者の為に、等々……。お守りや装飾品としてまさにそれは作成されたものではないかと思われます。

私たちのルーツである縄文人の豊かな精神性と創造力は現代に多くの影響を受け継いでいます。１９７０年の大阪万博、太陽の塔の作者、「芸術は爆発だ」で有名な岡本太郎氏もその一人です。六十六年前にすでに、「四次元との対話――縄文土器論」という論文を書かれています。

4万年前	旧石器時代		
1万6500年前	縄文時代	草創期	土器の出現 縄文時代の始まり
1万1500年前		早期	食料採集、定住 縄文的暮らし
7000年前		前期	縄文文化の開花
5500年前		中期	大型集落の形成 火焔土器が作られる
3200年前		後期	一時的に 階級社会の登場
		晩期	地域差の拡大 九州では稲作始まる
2400年前	弥生時代		

あの太陽の塔の頂部の第一の顔、「黄金の顔」・正面の第二の顔「太陽の顔」・背部には、第三の顔、「黒い太陽」の３つの顔があります。人間の顔をデフォルメした、

岡本太郎氏の巨大アートです。縄文時代のユニークな土偶の顔を髣髴させながら、岡本太郎氏の鮮烈で大胆な感性で創造されています。これこそ、縄文の美を受け継ぎ、世界人類に日本万博のシンボルとして大いに我が国の長い歴史のルーツを発信していたのだと思います。

ちなみに、「地底の太陽（太古の太陽）人間の祈りや心の源を表す」といわれるもう一つの顔、第四の顔が太陽の塔の地下空間に展示されていたことをご存知でしょうか。「地底の太陽」は、高さ約3メートル、全長約11メートルにもなる巨大な展示物であったということですが、万博終了後の撤去作業から50年近く経った現在も行方がわからない状態という現代のミステリーになっています。

弥生時代に栄えた山岳信仰

山を神聖視し、自然・自然環境を崇拝の対象とする信仰。火山・水源の山や神霊がいるとされる山なども神奈備《かんなび》山に磐座《いわくら》があり、神が鎮座する信仰で太陽信仰と山岳信仰が結びつき日本全国に今でも現存しており、また、史跡も多く残っています。出羽三山・富士山・大山などがあり、修験

京田辺市の甘南備山

道が誕生しています。朝鮮・満州・チベット・ネパール・ペルーにもあるが中国では道教と結びついています。山や自然に神がいるとの山岳信仰は仏教が伝来してから現在まで続いていて、仏教伝来後（古代大和朝廷に百済から6世紀半ばに公伝、私的な信仰としてはもっとも古くから伝来していたといわれる）も消滅することなく共存しています。

京都と奈良の中間に京田辺市があり、そこに「甘南備山」（神奈備山からの変化）という山が京都と奈良の直線上にあり、平安京を造るとき、山の中腹に白い石（水晶）があり、京都側から見た時ピカリと光った所の延長線が平安京の中心の通り、朱雀大路となっているといわれます。「甘南備山」の頂上の展望台から見ると京都の北部の山や比叡山が望めます。

年代	時代	
	旧石器時代	
	縄文時代	草創期
		早期
		前期
		中期
		後期
		晩期
300	弥生時代	
500	古墳時代	
700	飛鳥時代	
900	奈良時代	
1100	平安時代	
	鎌倉時代	
1300	南北朝時代	
1500	室町時代	
	安土桃山時代	
1700	江戸時代	

古墳時代に巨大な墳墓――前方後円墳

前方後円墳は、ご存知のように、円形、台形を合わせた日本独自（一部韓国に五世紀半～六世紀半の前方後円墳があり北九州から渡韓した豪族の古墳と言われる）の古墳で北海道・青森県・秋田県・沖縄県では、未確認ですが、ほとんどが同じ縮小・拡大で「ヤマト政権」が支配した地方豪族に許可したとの定説です。

前方後円墳が異常な大きさと約五千基といわれる膨大な数の費用はどこから捻

大仙陵古墳（伝仁徳天皇陵）

出したのだろう。稲作の拡大による余剰といわれるが、それだけでは、これだけの多さは作れないだろう。従来の考古学者（ほとんどが文系出身）は、未だ納得する答えを出していないのが現状です。

近年、理工系出身者からその専門の立場からの意見が色々出てきています。最大の「仁徳陵（大仙）古墳」…墳丘長486m（最近の宮内庁調査では525mに修正）＋周囲に濠が三重…は大林組の試算では当時の工法で再現すると約800億円／10年間かかるそうです。著名なアメリカの経済学者によると、5世紀当時のGDP（国内総生産）は、約2000億円（20億ドル—1ドル100円換算）ですのでいかに巨額な費用がかかったかが解ります。それに加えて古墳時代の豊かさは多数の銅鏡・宝石で装飾した鉄剣・黄金の装身具や馬具、鉄の農耕具・大量の鉄鋌《てってい》（鉄の延板で大小があり、これを溶かして武器・馬具・農耕具を作る）・宝石を散りばめた装束等々があります。その財源はどこから持ってきたのであろうか?当時の原始的な稲作等の余剰だけではとても賄いきれないので、その財政的な裏付けは？

それは「朱＝辰砂」すなわち硫化水銀でしょう。それは加工すると水銀と丹（朱色の顔料と薬）に分かれた古代中国では珍重され大変高価だったようです。朱は火山性熱水鉱床で金鉱山やマンガン鉱山と同地域で産出されます。水銀は薬の材料や金のメッキ（金と水銀を混合した液体を金属に塗り、加熱蒸発させると金だけが残り金色のメッキが完成する――建立当時の東大寺の大仏の金メッキはこの手法）丹の朱色は防腐剤の働きもあるので、古墳内部に塗られたり床に敷きつめられたりしています。

神社の鳥居や建物を朱色に塗るのはその当時の名残といわれています。又、丹の名は「丹生神社」「丹生川」が多く残っていますし「万金丹」「仁丹」にその名を残しています。

古代の最大の「朱鉱山」は奈良県・宇陀市（巻向遺跡の近く）や三重県・気多町（伊勢神宮近く）で神武天皇は朱を求めて東遷してきたという説もあります。

前方後円墳は、６世紀から段々規模が小さくなり数も減少し、古墳の形状も八角形になっていき最終的には大規模な仏教寺院になって行ったことが定説となっています。

現在、天皇陵とされている古墳は立ち入りが禁止されていて埋葬者はほとんど確定されていません。「仁徳天皇陵」といわれている古墳も最近では特に考古学者の間では「大仙陵古墳」と呼ばれています。私は「前方後円墳」という呼び方には賛成できません。明治時代の著名な学者がそう言ったことが定着したそうですが、初期の前方後円墳は丘陵を利用したものがほとんどです。そうすると上＝前・下＝後で、天や磐座が太陽信仰と山岳信仰と結びついているので前方後円墳ではなく『前円後方墳』が正しいと思います。そう主張する考古学者も少なからずいます。

日本語には使い方にキチンとしたルールが有り、越前・越後、備前・備後、、筑前・

筑後など昔の国の呼び方では前は都（尊い）に近く、後は都に遠いことを意味します。そう考えると前方後円墳という呼び方には納得できません。

明石大橋(向こうは淡路島)

五色塚古墳

また、そのような古墳がある場所は何らかの目的や意図があるものと思われます。考古学者によれば、古代日本では各地の首長が畿内を中心に連合政権を形成していたことが古墳から推察でき、規模と形で当時の権力や身分を示し、古代の社会制度を物語ると……。

「大仙陵古墳（伝仁徳天皇陵）」がその当時は瀬戸内海を抜け大阪湾（浪速の海）に入ると、船からまばゆく光る葺石の古墳が……。又、明石海峡の一番狭い所（神戸側の明石大橋の隣の丘陵）に「五色塚古墳」が見えます。

実際、現地に行ってみるとその立地と頂上から見る景色は圧巻であり考古学好きの者には堪らなく夢を掻き立てられます。巨大前方後円墳を造るその経済基盤はとてつもなく大きく、盛んになった水田稲作だけでは無理で当時は人口も数百万といわれ、その基盤は色々と議論はありますが何なのかじっくり考えるのも面白いのではないでしょうか。

また、令和元年五月、国連教育科学文化機関（ユネスコ）の諮問機関が世界文化遺産に「百舌鳥・古市古墳群」の登録を勧告したと発表があり、大阪府南部にある堺市、羽曳野市、藤井寺市の3市にまたがる4世紀後半～6世紀前半にかけて造築された89基の古墳群がその対象となっています。

巨大古墳だけでなく、大小様々な規模、墳形の古墳が造り分けられている「百舌鳥・古市古墳群」は、古墳群全体が、日本の国家形成過程を考える上で高い価値を持つと評価されています。今回、世界文化遺産に登録勧告された「百舌鳥・古市古墳群」以外に全国にも、大小様々な古墳が築かれ、その数は20万基に上るといわれています。考古学者は「古墳を代表して百舌鳥・古市古墳群が登録されるのは喜ばしいが、理想をいえば全国にある前方後円墳をみな追加登録してほしい」という希望は、私も同感です。

※政府が世界文化遺産に推薦した主な古墳

二大偉人の足跡――聖徳太子と空海

聖徳太子が推古天皇の摂政になったのが５９３年。

6世紀末から7世紀はじめに活躍しました。

また、空海が唐から帰国して真言宗を伝えたとされるのが８０６年。

空海の活動期は8世紀末から9世紀初頭です。

この二人はちょうど2世紀の時空を超えています。

聖徳太子（574〜622）

用明天皇の皇子で山背大兄王の父。
法隆寺（斑鳩寺）や四天王寺を建立。
憲法十七条、冠位十二階の制定をする。
現在、実在の人物ではないとの説も浮上している。

推古天皇11年（603年）12月5日に冠位十二階を定めた。氏姓制ではなく才能を基準に人材を登用し、天皇の中央集権を強める目的であったと言われています。また、推古天皇12年（604年）4月3日、厩戸皇子（後の聖徳太子）は物部氏との戦いの際の誓願を守り、摂津国難波に四天王寺を建立した。四天王寺に施薬院、療病院、悲田院、敬田院の四箇院を設置したと伝承されています。「夏四月 丙寅朔戊辰 皇太子親肇作憲法十七條」（『日本書紀』）という記述があり、いわゆる十七条憲法を制定したのです。

平成生まれの人は、旧一万円札をご存知でしょうか。高度成長期に当たる1958年（昭和33年）から1984年（昭和59年）に発行された一万円札です。

高額紙幣の代名詞として「聖徳太子」という言葉が使用されました。（財布に聖徳太子が2枚入ってます）みたいな使い方です。また、さらに遡ると聖徳太子の肖像画は1930年（昭和5年）、紙幣（日本銀行券）の絵柄として百円紙幣に初めて登場して以来、千円紙幣、五千円紙幣、一万円紙幣と登場し、累計7回と最も多く紙幣の肖像として使用されてきました。また、長きに渡って使用されたため、「お札の顔」として日本国民に広く認識されるようになったのです。現在、聖徳太子のあの馴染みのある肖像画は、フィクションのようにいわれたり、事績や伝説については、それらが主に掲載されている古事記や日本書紀の編纂が既に死後一世紀近く経っていることや記紀成立の背景を反映して、脚色が加味されているとし、そのため様々な研究・解釈が試みられているようです。未だに論争は続いているということです。ついに教科書には、肖像画は掲載せず、聖徳太子の記述は一、二行でスルーしているという話をきいたことがあります。学校で教わったことは、もはや事実か否か。少し虚しさを感じます。世の中は移り変わり、研究が進み、前述にも示したように「変化と進化」は、聖徳太子にまで

「唐本御影」
聖徳太子が描かれた肖像画。
（この肖像画に別人説）

聖徳太子の墓－大阪府南河内郡太子町の叡福寺境内にある磯長墓《しながのはか》

及んでいるということです。

確かに、『日本書紀』には「豊聡耳」という記述があります。それは、聖徳太子が人々の請願を聞く機会があり、我先にと口を開いた請願者の数は十人にも上ったが、聖徳太子は全ての人が発した言葉を漏らさず一度で理解し、的確な答えを返したといいます。これ以降、聖徳太子は豊聡耳（とよとみみ、とよさとみみ）とも呼ばれるようになったという有名な話があります。

『上宮聖徳法王帝説』や『聖徳太子伝暦』では8人を聞き分けた。この平安時代に著された聖徳太子の伝記『聖徳太子伝暦』には11歳の時に子供36人の話を同時に聞き取れたと記されています。「頭のよさ」を表現するためにこのような比喩がされ、話がどんどん盛られて言ったのではないかと思われます。

人の上に立ち、隋などの国から文化を伝来し制定や憲法を作り、お寺の建立から宮中でのお箸使用の奨励まで行ったという数多くの伝説的エピソードが聖徳太子をカリスマ化、神格化していったのでしょう。

空海（744〜853）

平安時代初期、弘法大師といわれ
高野山・真言宗・真言密教・曼荼羅絵などの創始者。
池・治水・温泉などを開発する。遣唐使として中国で学び
多くの書物・技術を持ち帰る。

「空海」は、1200年を経た現代でも、「お大師さん」や「弘法さん」と親しまれ信仰は続いています。それは空海が説いた密教の教義はもとより、先祖供養や浄土信仰、温泉や土木開発、文化、技術、あらゆる面で活躍され、私たちを導いてくれるような有難い存在として、心の中に息づいているようです。
「空海」は、讃岐（現・香川県）の郡司の家に生まれ、小さい頃から、論語や儒学を教わるなど、恵まれた環境の中で育ちます。幼名を「真魚（まお）」

と言い、18歳で奈良の大学へさらに自ら数多くの修行と学問を学んでいきます。「空海」という名は、諸説ありますが、御厨人窟《みくろどくつ》という海蝕洞（波が崖をえぐって作られた洞窟）の中で修行をしていた中で悟りを開くことができ、そのとき御厨人窟から望んだ景色が海と空だけであったことから、この名をつけたとされています。「空海」という名前は修行時代から名乗っていたようです。

30歳のときに、遣唐使に随行する留学僧の一員として選ばれます。「空海」が持ち帰ったものは、経典や仏具などはもちろん、土木技術や薬学、文学など非常に多岐に渡るものでした。20年の予定を2年で帰還し、数年して京の都に入れた空海は、持ち帰ってきたものを日本の衆生に役立てるべく、八面六臂の活躍をします。朝廷の政争には祈祷を、唐で学んだ文化については書面で伝え、高野山を賜っては金剛峰寺の建立に終生を費やします。、故郷・讃岐では治水工事を行うなど、また、京都に綜芸種智院《しゅげいしゅちいん》という学校を作り教育者としても力を発揮します。これは庶民も入れる学校として当時極めて画期的なものでした。

空海の死後10年ほどで運営が立ちゆかなく、閉院を余儀無くされることになります。空海の「庶民にも学問を」という理念は、現在の種智院大学や高野山大学に引き継がれています。

空海は、帰還後から28年間を費やし、承和二年（835年）3月21日、62歳で生涯を閉じます。この頃から、空海は「弘法大師」と呼ばれます。

常に、庶民に寄り添った「空海」の諸行万行が1200年の時を経ても、私たちに語り継がれるのは、多くの弟子たちが空海の後を継ぎ、その意志を受け継いでいるからでしょう。生きながら仏になり高野山の奥の院に入定されていると、現在でも、一日に二度食事が運ばれ、奥の院にお世話係の僧侶が食事を運ぶ姿を見ることができます。魂は、ずっと受け継がれているということです。

また、高野山の伽藍、御影堂の前にある松の木は、「三鈷《さんこ》の松」と呼ばれています。空海が唐からの帰国の際、師の恵果《けいか》和尚から贈られた密教法具の一種である「三鈷杵《さんこしょう》」を「わたしが漏らすことなく受け継いだ密教を広めるのにふさわしい地へ行くように…」という願いが込められ東の空に向けて投げたところ高野山の松の木にかかったということです。そして高野山の地が真言密教の道場として開かれるようになり、この松を「三鈷の松」と呼ぶようになったということです。不思議なことに、通常の松葉は2本ですが、この松葉は3本あるものも含まれており、三鈷杵の先が中鈷・脇鈷と三つに分かれていることから、その形とあわせて「三鈷の松」とも呼ばれています。現在でも、観光客や参拝者が三鈷の松の周囲に落ちた3本に別れた松の葉を探して、見つかると大事に持ち帰るそうです。今では、「三鈷の松」の松葉は、お守りとして売っているそうですが自分で見つけたほうが、絶対にテンション上がりますよね。

こういう、小さな不思議体験も庶民に受け入れられる要因の一つになっているのかもしれないですね。毎月21日は、弘法さんの日です。京都の東寺では、弘法市が開かれます。骨董品から工芸品、食品まで。おばあちゃんが売っている山椒ちりめんは、長い列が出来てちょっとやそっとでは買えそうにありませんが、日がな一日、行列を見ると並びたくなるのは、私だけでしょうか。

空海（弘法大師）像

権威と権力

日本では権威と権力が分離され、権威の世界で天皇制が永く続いた世界でも稀な例です。（唯一かもしれません）

権威……自発的に同意・服従を促すような能力や関係のこと。M・ウェーバーは人格的カリスマ、伝統や制度の神聖視などであるといっています。

権力……威嚇や武力によって強制的に同意・服従させる能力や関係のことであり権威とは区別されています。

権力や武力で強制的に同意・服従させることが出来ないのは歴史が証明しています。

例として、日本では武家による鎌倉・足利・織田豊臣・徳川政権等は長短があれど、武力が弱くなればそれにとって代わる政権が出来ました。

同じく中国では殷・周・秦・漢・隋・唐・宋・元・明・清王朝と変遷が激しく『中国何千年の歴史』といいますが、例えば元（モンゴル族）や清（女真族）は異民族で漢民族の統一王朝の期間は半分位で、他はそうではありません。「易姓革命」……徳のあるものが天子になり天子が徳を失えばその一族は天に見放され徳を備えた一族にとって代わられる……で王朝が代われば前の王朝を否定して皇帝・一族・高官・文化・伝統は引き継がれなく無くなります。

極端にいえば世界中も同じで、権威と権力を同時に持っていると権力が弱った時には交代か滅亡です。

千年続いているといわれる「イギリス王室」でも、現在では王位継承順位が男女平等の価値観を取り入れ、性別にかかわらず生まれた順番になりました。

１０６６年の「ノルマン朝」に始まり「スチュアート朝」～「ハノーバー朝（ド

イッ　ハノーバー家から　母がスチュアート家の血筋」〜「サクス朝」〜「ウイザー朝」となっていき、少しでも血がつながっていればいいのです。

日本の皇室では皇位継承者を男系男子からの血統のみに限定してきたため「純粋性」「連続性」が厳格に守られてきたといえます。古事記・日本書紀の記述に従えば、約２７００年、学説によっても最低１５００年以上も続いてきた皇室は世界で唯一無二といえます。

令和天皇は第１２６代天皇で、初代「神武天皇」から２５代くらいまでの天皇は実在しなかったとの学説まであります。確実に存在したとされる「２６代継体天皇（在位５０７？から５３１年？）から現在の天皇まで続いています。

平安時代までは天皇が権威と権力の両方を持ち独裁的に政治を行っていた時期もありましたが、「鎌倉時代」以降、武家政権が誕生してから「室町時代」「江戸時代」と武家が権力・武力を持ち征夷代将軍として政治の実権が移りますが、あくまでも「天皇」から任命されるという形です。天皇はすでに象徴的・権威的な存在でした。

「明治時代」「大正時代」「昭和時代」の戦前は政治家が天皇を輔弼し、天皇が最終決裁をするという形で決して独断で政治を行っていませんでした。権威は有りますが権力・武力はもたずに権威と権力を分け、天皇は祭祀を司ったことが天皇制が現在まで永く続いた要因でしょう。

式年遷宮──伊勢神宮

いにしえから未来へ、自然と人をつなぐ

日本の美・日本の文化。伝統の継承と再生。

千三百年続く二十年に一度の『神様のお引っ越し』は日本人として大切な何かを教えてくれます。

伊勢神宮では『天照大神─あまてらすおおみかみ』を祭神とする内宮《ないくう》、『豊受大神─とようけおおみかみ』を祭神とする外宮《げくう》ともに二十年ごとに古来のままに御神殿や御装束神宝（正殿の内外をお飾りする品々や、武具、馬具、楽器などの調度品）をはじめすべてを新しくして大御神に新宮へお遷りいただく伊勢神宮の最大のお祭りで千三百年にわたり繰り返されてきました。平成二十五

年（２０１４年）には６２回目が行われました。

伊勢神宮の式年遷宮は飛鳥時代に「天武天皇」が定めた行事で「常若」とこわか」の思想に根ざすとされます。常若とは常に新しく清浄であることを尊ぶ考えで、伊勢神宮は『唯一神明造り』と呼ばれる萱葺《かやぶき》屋根、白木柱の掘っ立てによる弥生時代からの様式を受け継ぐ高床式御社殿からなりますし、国宝の銅鐸に装飾された「高床式穀倉とよく似ています。

このため経年劣化による老朽化を嫌い、一定の期間で社殿を新しくすることにしたと考えられています。６９０年の「持統天皇」の代に最初の式年遷宮が行われ、戦国時代など百年以上にわたり中断や延期もあったが、新旧の社殿が隣接して確保され、造営も伝承されてきました。

式年遷宮を巡り多くの祭事が行われ皇族や神官のみならず、領民や信徒も多数参加する大規模なものになり、このため「お伊勢参りとともにもたらす経済効果は大きく、現在では奉祝コンサートなども行われて地域の観光の核となっています。他の神社でも式年遷宮は行われています―例えば「出雲大社」でも六十年ぶりに実施されました。出雲大社ではその周期は定められているわけではなく、六十～七十年程度で実施されています。

伊勢神宮では内宮・外宮の両正殿や14の別宮の社殿・間板垣の他、鳥居や宇治橋（五十鈴川に架かる橋）なども新しく造り替えますし、全ての造営には1万2千本のヒノキが必要だそうです。

まさに古来から受け継がれてきた『木の文化』であり、縄文時代からのＤＮＡの集大成とも言われています。

また　新正殿や社殿の造営や新正殿に納める「神宝」や帳《とばり》などの装束、儀式に使う品々７１４種１５７６点も新しくされて、経費の総額は５７０億円であったそうです。

平成天皇の長女「黒田清子」さんが祭神に就任しました。

伊勢神宮は今の場所に定着するまでに丹波・近江・伊賀・美濃などを巡り最後に伊勢の五十鈴川の上流にたどりついたといわれ、大和の国から見ると、真東に当たる北緯三十四・五度の線上にある「東の果ての国」だったのです。

人気テレビ番組の『ブラタモリ』での放送で、この地は河岸段丘で五十鈴川で手を洗い、清々しい心身でお参りしますが、上部の段丘のあるところより上は過去にどんな豪雨でも一度も水に浸かったことはないそうです。――これは大和の「山の辺の道」や京都南部の「山城古道」も同じで決して豪雨でも浸からない場所に有ります――伊勢神宮の神殿は訪れるたびにさまざまな姿で私たちを迎えてくれます。素木《しらき》香る瑞々しい姿、それが陽に焼けて飴色《あめいろ》にたくましくなり、そして萱《かや》の屋根に深い苔がむし、ゆっくりと朽ちていく……。

太古から変わらない伊勢神宮の「回生」つまりその社殿は二十年に一度の「式年遷宮」で常に建て替えられて千三百年にわたって繰り返され、過去・現在・未来を繋ぎます。

この式年遷宮が常に若々しく、瑞々しい「常若《とこわか》」と呼ばれる伊勢神宮を造りだしていくのです。

「古事記」「日本書紀」によれば内宮では皇室の御祖神《みおやがみ》であるとされる「天照大神」

を祀っていて、伊勢神宮は年間１５００余りの祭祀がおこなわれ、それらは感謝と祈りの祭りで、その祭りの集大成がその年の収穫に感謝し祈りを捧げる「神嘗祭かんなめさい」であり、式年遷宮は「大嘗祭　だいじょうさい」ともいわれ、伊勢神宮の最大の行事です。

式年遷宮ではすべてを新しくしますが、白鳳・奈良・平安時代の文化様式が垣間観られ、当時使用されていた品々の名称や形状、材質や用途、技法が継承され現在でもそのまま再現されている御装束神宝は「現代の正倉院」と讃えられ、文化・伝統の保持育成にも大きな意義があります。新しく社殿を建てる者・御装束神宝を作る者は次の式年遷宮の為に、自らの受け継いだ技術を次の世代に伝えていくことにより、古来からの伝統の技術を伝承・継承していきます。

建て替えた古い御用材はゆかりの神社などに配され繰り返し使われていきます。これは究極のリサイクルといわれ、古用材は次のゆかりの神社の鳥居や建物などへと次へ次へと再利用されて行き最終は小品に、例としては「箸」などに最後まで再利用されます。

私の地元の神社では前回の御用材をいただき小さな建物を建てていますが、御用材はカンナで薄く削ったら新品のようになっていて、ヒノキの香しい薫りがしましたので大変驚きました。

神社さんに聞くと御用材は無料で払い下げられるが、建物の図面や工法の審査がありそれに通らないと駄目で、普通に建てるより費用はずっと高いと言われました。

しかし、伊勢神宮の御用材なのでありがたみが違うと……

某大手デパートのI氏は伊勢神宮も担当していたが、入社してから定年になるまでに「式年遷宮」を3回しか（3回も!?）担当しなかったと言っていましたが、1回で10年以上関わるのだから、そうでしょう。又、I氏が入社後に教えてもらっていたA氏は定年後も「式年遷宮」関係のビジネスをしています。

一例は式年遷宮の寄付をして戴いた方への返礼品としての扇子を10万本単位で受注して有名老舗に発注をしています（多くの扇子を作る機会に恵まれる為

若い職人さんもすごく腕が上がるそうです）。式年遷宮の品々の発注は細かい所まで厳しいので競合相手はフォローできず、しきたりなども知っている人はほとんどいないとか……。

伊勢神宮の中をを流れる五十鈴川

注連縄《しめなわ》・七五三縄《しめなわ》

「社《やしろ》」＝神域と現世を隔てる結界の役割を持ち、神社の周りやご神体を縄で囲い、その中を神域としたり厄や禍を払ったりの意味を持っています。御旅所（神様のいる所）や巨岩・湧水池・巨木・海の岩礁（伊勢志摩の夫婦岩など）・奇石などにも注連縄が張られ、また日本の正月に家々の門や玄関・出入り口・車・自転車などにも飾られます。注連縄飾りも注連縄の一形態であり厄や禍を払う結界の意味を持っています。

大相撲の最高位（本来は大関）の中で選ばれた特別の力士だけが締めることが出来る「綱―横綱」も注連縄です。

現在でも水田などに雷が落ちた場所を青竹で囲い注連縄をはって五穀豊穣を願う習わしが各地に残っています。起源は「天照大神」が「天岩戸」から出た際に二度と天岩戸に入れないように大玉命が注連縄で入口をふさいだのが始まりとされます。稲作信仰は神道の根幹をなす一つであり、古くから古神道に存在し縄の材料は刈り取って干した稲ワラであり稲作文化との関連が深い風習だといわれています。

神が鎮座（神留る・かんづまる）する山や森を神奈備《かんなび》といい信仰し、山や森・木々・岩も磐座《いわくら》（神が降りて宿る所あるいはご神体）として、その証に注連縄が飾られました。注連縄飾りが飾られる日は松飾りの期間と同じですが地域によっては異なるところもあり、29日と31日に飾ることは縁起が悪いとされ、31日に飾ることを「一夜飾り」といい迎え入れる神様に失礼であるとされます。また、飾りを外す日も地方によって異なり、1月7日に「七草粥」を食べた後、もしくは15日の小正月の後に外すとしています。一方、三重県・伊勢志摩地方や宮崎県・高千穂地方などでは一年中注連縄が飾られています。

注連縄飾りは各家庭が正月に迎える年神を祀る為の「依り代《よしろ》」とするもので、現在でも注連縄飾りを玄関に飾る民家が多く見られます。形状は神社などで飾られる注連縄の小型版に装飾を加えたもので注連縄に邪気を払い神域を示す紙垂をはじめ子孫の連続を象徴する橙《だいだい》の実やユズリハ、誠実・清廉潔白を象徴するウラジロなどのほか、東京を中心に海老の頭部（のレプリカ）などが添付されることも多いと言われています。また他には、長さ数十㎝ほどの細い注連縄を輪型に結わえて両端を垂らした簡易型の注連縄が広く見られ、京都では「ちょろ」、東京では「輪飾り」、名古屋では「輪締め」と呼ばれ本来の注連縄の代用とされ「鏡餅」などにかけられ広く使われています。

以前に伊勢志摩旅行に行った時、ほとんどの家の玄関上に「笑門」と書いた札の付いた注連縄飾りがあって正月でもないのにと不思議に思っていましたが納得出来ました。注連縄が稲作文化と深く関わっていて大変古くから日本人が大事にしてきた文化なんですね。

伊勢・夫婦岩の注連縄

又、「七五三縄」とかいて「しめなわ」と読むことは、同志社の創始者・新島襄の幼名が「七五三男―しめお」だったことから知っていましたが、注連縄には、七本・五本・三本に切られた三つの幣《へい》が垂らされています。この、七本・五本・三本から、七五三で「しめ」と読むそうです。

左義長《さぎちょう》（とんど焼・どんど焼）

今から約１２００年前の中国の後漢の光武帝が道教と仏教の優劣を決めるために、道教の経典を右に仏教の経典を左に置いて火をつけたところ、道教の経典は全て灰になってしまったが、仏教の経典は灰の中にも文字が読めたのです。そこで左側の教義が長じているという故事に習ったのです。

左義長の儀式は平安時代に我国に伝えれたといわれ、宮中では古くなった文書などを正月15日に集めて焼き、国家の安泰と五穀豊穣を祈ったといわれています。南山城（京都南部）地方では左義長の事を「とんど」「とんどさん」と言い、昔は各家ごとに竹を切って三角形か四角形の櫓《やぐら》を組んで1月15日に行いました。正月に飾った門松や注連縄《しめなわ》飾りや古い御札などを焼いて、その火で餅を焼きそれを食べて1年間の無事を祈りました。（京都府文化財保護指導書から）

左義長が「とんど焼」と一緒とは長く知りませんでした。京都の古い地域では左義長というそうですが、都らしく呼び方も優雅ですね。兵庫県出身の知人に聞くと、播州西部では「とんど焼」と言うそうです。一月13日頃に竹を組み藁で囲った三角形の櫓を作って、中で4~5人が寝ずの見張りをして、他地域から壊されないようにしていたと。それは中学生からの未成年の男の子の役目で餅を焼いて食べたりお菓子を食べたりした大変楽しい空間と時間だったということです。15日には正月に飾った門松や注連縄《しめなわ》飾りや古い御札や書き初めなどを焼き、これでお正月は終わりで日常生活に戻りシッカリ働き勉強をしなさいといわれたと行っていました。こういった風習は全国各地に様々な形で行われていたのでしょう。現在は15日では無く「成人の日(祝)」や15日直前の「日曜日」にしているようです。

富山県　どんど焼き

日本における言葉と文字

言葉（単語・言語）

言葉・詞・辞などの漢字をあて、コト（言）とハ（端）の複合語。上代には、「事」と「言」で事（事柄）でそれを意志によって相手に伝達しようとする言（言語）の区別ははっきりしません。コトバなる語が生じてからこの「ことば」は言語をあらわすようになりました。そもそも、日本語の定義は、日本列島に住んでいる人が話す言葉ということになれば、どんな言葉であってもそれは日本語であると言えます。南には琉球諸語、北にはアイヌ語。他には、八丈語。などこの三語は、日本語から孤立した言語としてみる学者もいるそうです。また、いつから、日本人は言葉を使っていたかという研究はまだ途上で、多くの説があるものの決定的なものがないのが実情です。「魏志倭人伝」には、２世紀ごろから倭（古代日本）にあった邪馬台国（ヤマタイ国）に中国の使者が訪れ、邪馬台国やその周囲の国名、人名、官職名がこの史書には書かれています。これは邪馬台国の人間が中国人と会話したことを書いているので、当時の日本語ということになります。ただ、その言葉を漢字に当てはめて記述しているので、日本人が「邪馬台国」（ヤマタイコク）と言ったのか、「邪馬台国」（ヤマトノクニ）と言ったのかは、音声があるわけではないのでわかりません。現在でも「ヤマト」という言葉は使いますので、後者の方が、ぐっと現代語に近づく感じがするのですが…。

日本では、標準語とされる言葉がありますが、地方の方言で話されると同じ日本人でも言葉が通じない事があります。しかし、テレビなどの影響で各地方の方言も若い人は話さなくなり、方言がなくなりつつあります。最近では帰国子女が増え、バイリンガルも多く、数カ国語を喋る若者が多くなってきていいます。私立の小学校やインターナショナルスクールでは英語のみの授業をするところや海外へ語学留学する学生もいます。

世界中では一体どの位の言葉があるのだろうか。神が人間の所業に怒り各人間の間でコミュニケーションが出来ないように多くの言語を作ったともいわれています。

文字

文字とは言葉・言語を伝達し記録する線や点を使って形作られた記号のこと。文字の起源は多くはものごとを簡単化して描いた絵文字（ピクトグラム）です。それが転用・変形・簡略化されていき文字へとなりました。表意文字（意味を表すが必ずしも言語の発音ではない―数字や漢字など）・表音文字（アルファベット）・絵文字（絵の集積が発展して象形文字となり、そこから様々な文字体系が生じた）です。「史記」以降になって初めて「文字」という語が言語を書き記す為の記号として用いられる。同一言語に複数の文字体系があるのは少なく、日本の文字のように漢字・ひらがな・カタカナの３体系があるのは珍しい。他の国では３種類も使いこなしている国はないそうです。

万葉仮名は、正倉院に残された文書や資料の発掘などにより、７世紀ごろには成立していたと考えられます。この万葉仮名が由来となったひらがなは、簡略化されたカタチになり、カタカナは、漢字の一部を取って作られたといわれています。ひらがなもカタカナも共に平安時代（７９４〜１１８５年ごろ）初期には作られていたと考えられます。

日本の漢字には、書体として手書きの「篆書・隷書・楷書・行書・草書」と活字やフォントの「明朝体・ゴシック体・ロマン体」などがあります。

韓国のハングル（ハン＝偉大なるグル＝文字）は、１４４６年に李氏朝鮮第４代国王、世宗が考案したといわれています。子音と母音の組合わせの表音文字で韓国では最近、漢字が使われなくなっているそうです。その為、同じ発音でいくつもの単語があり、混乱を招いていると の意見もあります。

このように、日本には漢字・ひらがな・カタカナの３種類があり、複数の国の言語を学ぶ外国人からするとその使い方や使い分けが、難しいといわれています。私は、外国人を京都案内することがありますが、寺町の老舗の墨筆店で書道を体験してもらっています。縦に３本線で「川」、ポコポコポコが３個で「山」などと説明するとスグ理解して書いてくれます。その後、通りの民家の表札に川田や山田が使われていて日常生活に密着しているのに大変興味を示していただけます。

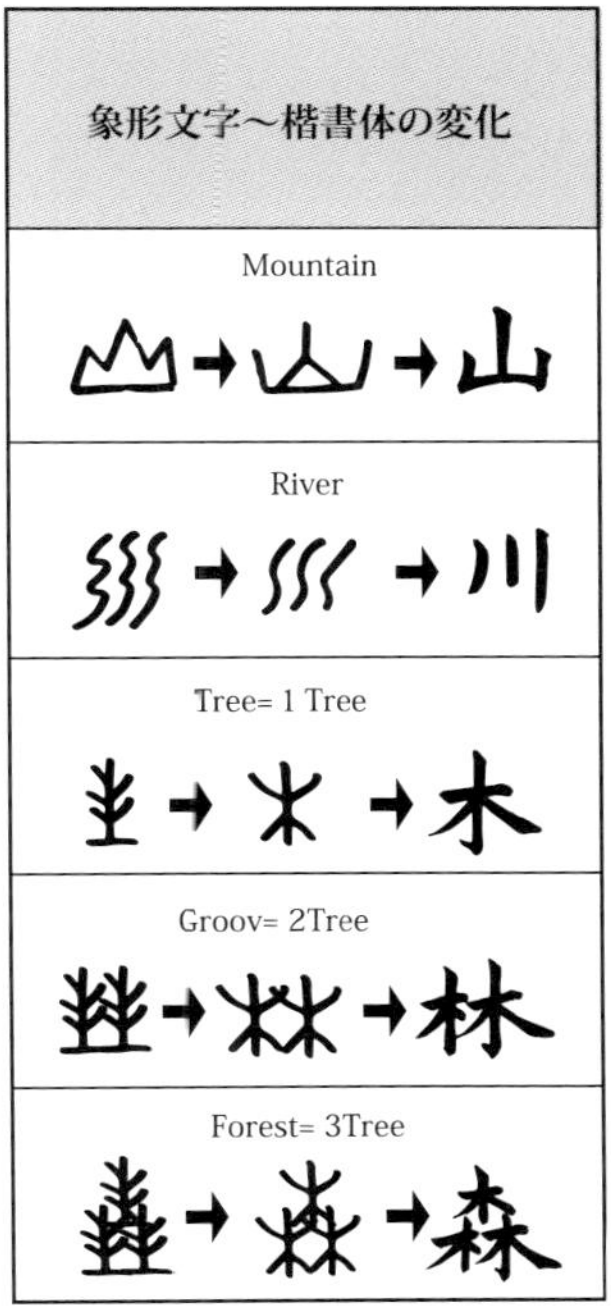

象形文字～楷書体の変化

第二章　異次元文明を支える日本文化

日本の多種多様な文化

日本には、古くから自然崇拝や精霊崇拝があり、多神教に基づく宗教文化がありますす。沖縄やアイヌに到るまで、日本の隅々の信仰にまで、その古来の形態を残している。この国独自の特徴は、「道具や言葉、吐息にまですべてに命が宿る」という考え方なのです。それは、言霊、息吹という表現に表れています。現代でも針供養や櫛供養、人形供養、鉛筆供養や道具塚など、全てのものに精霊が宿り、感謝の心を持って祈りを捧げてきています。

又、大陸から仏教・密教を取り入れ日本独自に定着させてきた。多神教で仏教・密教…さまざまな外来の宗教をも混在させながら、今ある日本の精神や文化の土壌は形成されてきた。寺院の中に神社があるのも日本独特の宗教観であるのではないだろうか。

この宗教混在に基づく価値観は日本の風俗習慣、文化に深く根ざしており、祭礼、伝統芸能、武道、農業、林業、水産業、建築、土木、さらに歳時記にいたるまで、さまざまなシーンに影響を及ぼしており、日本の文化の精神の本質が育まれてきたのです。現代でも日本の風俗習慣は現役で、流行は続けると文化になっていくのです。例えば、バレンタインデーのチョコレートは毎年、手を変え品を変えどんどんグレードアップしています。どこのデパートでも世界中のチョコが手に入ります。また、丑の日には、日本人なら高くても鰻を食べないといけないようにも思います。ハロウィンに関しては、「いつから、こんなに根付いてきたのか？」と思えるぐらい仮装した大勢の人たちが当たり前のように渋谷の歩行者天国をぞろぞろ歩いて、事件ニュースが報道番組で流れます。バレンタインの経済効果は、１２６０億円。ハロウィンは１２４０億円でバレンタインデーに迫る勢いです。また、節分は、豆まきではなく恵方巻（丸かじり寿司）が全国に広がり、多く作りすぎて廃棄の問題が話題に上がっています。

バレンタインやハロウィンは海外からのものですが、古代の文明文化の歴史を考えると、これもまた、千年後には、日本文化として紹介されるかもしれません。次項に思いつくあらゆる日本の文化を掲載してみました。

食文化

日本料理、精進料理、懐石料理、寿司、天麩羅、日本そば、うどん、丼、和菓子、カレー、ラーメンなど………

ファッション文化

きもの（和装）・帯など………

娯楽文化

能、狂言、歌舞伎、文楽、落語など………

伝統のスポーツ文化

大相撲、柔道、空手道、合気道、日本拳法、少林寺拳法、なぎなた、剣道、弓道、杖道、居合道、古武道など………

教養趣味生活文化

和歌、俳句、短歌、川柳、狂歌、小唄、三味線、尺八、民謡、カラオケ、茶道、香道、華道、書道、盆景（盆栽や庭園）、金魚や錦鯉、将棋、囲碁、オセロなど………

美術文化

日本画、大和絵、書画、墨象、浮世絵など………

工芸・陶芸文化

蒔絵、螺鈿、彫金、紙（和紙）工芸、陶器、磁器、漆器、竹細工、籐編み、箸、刀、日本人形、木目込み人形、七宝焼きなど……

芸道文化

書道、茶道、華道、香道、舞、日本舞踊、伝統芸能など………

楽器文化

琴、箏、三味線、琵琶、和太鼓、鼓（つづみ）、鉦（かね）尺八、笙、篳篥（ひちりき）など………

子供文化

お手玉、折り紙、あやとり、プラモデル、竹とんぼ、ビー玉
面子、凧揚げ、剣玉、独楽、竹馬、チャンバラ、銀玉鉄砲、水鉄砲、
双六、福笑い、かるた、花札、縁日、駄菓子など……

ここに掲げた日本における文化は、現代に伝承されたものの一部分にすぎません。発祥の時代や場所は様々ですが、どのカテゴリーの文化でも、一つ一つを丁寧に研鑽し、伝承された結果であることは間違いありません。日本の文化は、すでに世界へと進出しています。

趣味と教養を嗜み精神集中の極み

◉禅

大乗仏教の禅宗、サンスクリット語の dhyana（ディヤーナ）の禅那の略である。達磨が祖であり座禅を基本的な就業形態とする。日本には鎌倉時代初めに入ってきて、室町時代に幕府の庇護下に発展したものです。

不立文字＝文字・言葉の上に真実の仏法はないが根本である。特に京都では有名な大寺院は禅宗の「臨済宗」であり、京都の五山は全て臨済宗である。禅は日本のみならず世界的に人気

があり　インバウンドの目的の大きな一つです。最近では色々な寺院で禅（座禅）体験が開催されて外国人の参加者も多い。時間の制約や静寂を求めて早朝に開催されるようにもなっています。

たまにインバウンドの欧米人と話をしますが、食べ物・茶・庭園と並び「禅」の人気は高いです。禅・茶道・香道・書道・華道等は仏教からの派生であろう。外国人が「禅」という漢字のTシャツをよく着ているので意味を知っているかと聞いても知らないというので「単純を示す」と教えると理解してくれます。「侍サムライ」のTシャツもよく着ているので「人に寺」と教えています。

おもてなしを追求すると
　文化になる。

◉華道（生花《いけばな》）

天・地・人で人格を作り植物を主にその他様々な材料を組み合わせて構成し観賞する芸術。室町中期の京都六角堂の僧侶に始まるとされ、流派は多数あり145流派といわれ、現在では全世界に普及しています。

「池坊」「小原」「草月」が三大流派といわれる。

太平洋戦争終了後、進駐軍の将校夫人に「生花」を教えたことから、幅広く全世界に普及しています。自分で色々アレンジできて身近な草花でも出来る良さが知られてきたのでしょう。以前は会員が１００万人単位でいましたが、最近減少傾向にあり若い女性の花嫁修業の必須アイテムから茶道と共に失われていくのは残念なことです。教養や趣味そして日本文化を知ることが出来るこの文化が手軽に入っていける方策を考えないといけないと思います。

華道家元「池坊」―日本の最古かつ最大の会員数を誇る（京都市中京区の六角堂の住職が家元を兼ねる）家元が創流５００年にして初めての女性家元が誕生しました。新しい時代の流れでしょう。

鉢植え芸術の小宇宙

◉盆栽

草木を鉢に植え自然の風景を模し、切り取って造形するもので常に変化し完成は無いと言われます。唐では「盆景」—平安時代に日本へ伝わり鎌倉時代に武士階級、江戸時代は庶民へと拡がって行きました。年寄り臭いと言われたこともありますが、現在では、種類は多く世界的に人気が出ており空前の盆栽ブームで、芸術品として評価されています。

イタリアには日本にも無い「盆栽専門学校」まであります。銘品は樹齢100年～300年のモノもあり、想像を超える超高額で取引されているものもあります。テレビの特集で外国人が多く集まるスポットが紹介されていましたが、自分たちの日常には無い、緻密な手入れすることによって変化していく世界に魅かれるのでしょう。

全国各地の愛好家が長年にわたり丹精をこめて作られた逸品も多く大きいものから小さいものまであります。最近は「掌上の芸術」といわれる小品盆栽が人気で、小さな鉢に

「松」――幸福を待つ＝松　幸せを待つ。

「竹」――強く値を張って真っ直ぐに伸び強くて折れにくい。家が曲がることなくしっかりと根を張って強くなるように。家に根を張る。

「梅」――古代に中国より薬として入ってきたといわれ、旧正月に花が咲く縁起の良い花という。梅の薬効により病気とならないように願うから柿・オレンジ・リンゴなどまでも植えます。

日本の狭い庭でも栽培が可能なのが、大きな理由でしょうが、その愛らしさ

に加え小さななかにも古さと雄大さがみられることも魅力の理由でしょう。
一鉢に一木一草の鉢の芸術の小宇宙といわれていて、「小品盆栽展」が人気で全国各地で開催されていて、有名な盆栽市では一部に大変高額なものもあるそうです。ちなみに埼玉県さいたま市には、大宮盆栽村というところがあります。

（日本盆栽協会　参考）

近所にも盆栽を毎日熱心に手入れしている人（お年寄りの男性）がいますが、話をすると盆栽の歴史や良さをいくらでも長く喋ってくれます。しかし、私に色々と言うのでやれやれと閉口してしまいます。というのは花や植物を観るのは好きですが、自分で栽培したり名前を覚えるのは苦手だからです。

有名な盆栽市では数百万円・数千万円から数億円の値段が付きますが、それでも人気は高く「真伯《しんぱく》」という種類が引っ張りだこで海外では五倍以上の価格で取引されるとか……。

「わび・さび」の心で
　精神交流の場を楽しむ茶の湯

◉茶道

茶をふるまう茶の儀式とそれを基本とした様式と芸道です。主客の一体感、道具・茶室・　掛け軸は全体を構成する要素として一体の時間・場所の総合芸術である。平安時代の８０４年遣唐使の空海と最澄が中国から茶の種子を持ち帰ったが、あまり発展することはなかった。当時は嗜好品としてよりも薬として飲まれていた。鎌倉時代に日本に禅宗を伝えた栄西が中国から茶を持ち帰った。宇治の明恵上人にも茶の種を送りそれが宇治茶の起源といわれる。茶道は足利義政の茶の師匠の村田珠光が亭主と客との精神交流を重視する茶会のあり方を説いた。その後、堺の町衆である武野紹鴎とその弟子の千利休によって安土・桃山時代に茶道が完成された。その後、古田織部・小堀遠州・織田有楽などの武家茶道に繋がる。表千家・裏千家・武者小路千家の三千家流を初め多くの流派がある、が約５００流派があるとは知りませんでした。

千利休が豊臣秀吉の命令で切腹した後、子の代では復活は許されず孫の代になって表・裏・武者小路の三千家として復活した。茶道の道具は多くの職人に支えられて続いてきたが、なかでも三千家の「千家十職」は匠の技の極致だと思います。町人茶道の他に武家茶道（大名茶）があり町人茶道は家元制、武家茶道は各藩に有り各藩の殿様がいわば家元で実務は茶道師範に任せたらしい。

小堀遠州流・織部流・有楽流・小笠原流等が有名です。

小川流煎茶道は江戸時代末期に始まり日本的な煎茶や新しい茶器を創案し、煎茶の世界を一新しました。六代目は、椅子と机を用いる立礼での手前を考案しました。

華道と同様に手軽に習えるような方策が求められるし、そこから魅力を感じ日常生活で活かせて行けるのが理想でしょう。

茶道に５００流派もあると知り、その歴史と人気が長く続いたことに驚きます。京都に進出してきたチョコレートの世界トップクラスの「ジャン＝ポール・エヴァン（ＭＦＯ・フランス国家最高優秀職人賞）」は日本に「茶道」があるように「ショコラ道」にしたいといっています。欧米人が日本文化に理解を示し自分たちのモノを「○○道」という、より高い極めるモノにしたいと考えているのは大変嬉しいことです。

◉煎茶《せんちゃ》

煎茶は茶葉を煮出して成分を抽出する煎じ茶のことで急須で簡単に淹れられる。緑茶とはいわゆる不発酵茶のことで、摘んだお茶の葉にスグ加熱し酵素の働きを止め、成分変化を留めたお茶で葉の緑色が残ります。煎茶は緑茶の一つで、揉みながら乾燥させ形を整えたお茶です。狭義では日光を遮えぎり、広義では茶葉を揉まずに乾燥し粉末にした抹茶（てん茶）に対する茶で江戸時代に永谷宗円が青（緑）製煎茶製法を考案して一挙に広がりました。

小川流煎茶道は江戸時代末期に始まり日本的な煎茶や新しい茶器を創案し、煎茶の世界を一新しました。また、京都の公家や文人に愛され、六代目はイスと机を用いる立礼での手前を考案いたしました。

永谷宗円はお茶漬けで有名な永谷園の始祖で京都府南部の宇治田原町の出身で、今でも慕われ年に一度「宗円祭」が開催されています。宇治田原町は一般的にはそう有名ではないが茶の生産量が多く、宇治茶の主要な生産地となっている。宇治茶とは宇治で生産されていると思っている人が多いですが、宇治市は京都市の隣で現在ではほとんどが住宅地で茶の生産はごくわずかです。現在の宇治茶と呼ばれる茶の生産地は宇治田原町・京田辺市・木津川市（山城町・木津町・加茂町）・和束町・南山城町などの南山城（京都南部）地域が主要産地となっています。

◉香道

沈水香道（天然香木）として東南ジアではじまり、日本に伝わり独自の芸術へ発展する。

推古天皇時代の595年に淡路島に「伽羅」が流れ着いたという記録がある。香を嗅ぐことを香を聞く（聞香―もんこう）といい、香を当てる「源氏香」などもある。「御家流―三条西家」と「志野流―足利義政時代の志野宗信」がある。その後、色々の流派ができ、源氏香・競馬香（くらべ馬香）もできています。

源氏香は5種の香をそれぞれ5包ずつ計25包作り、任意に5包を取りだし香を嗅ぎ分け5本の縦線に横線を組み合わせた図で当てる優雅な遊びで源氏物語の各帖の名が付けられている。

源氏香は名前から平安時代からあったと勘違いをしていたが、以外に新しく江戸時代後半の「後水尾天皇」（第一〇八代）の時代に考案されたと知りました。

織田信長が正倉院の天下第一といわれる名香木「蘭奢《らんじゃ》待《たい》」を切り取らせたのは有名で、天皇以外では足利義満と信長だけだというエピソードが有ります。

信長は顕著な武功のあった部下に褒美として与えると部下は多いに感激したとか。

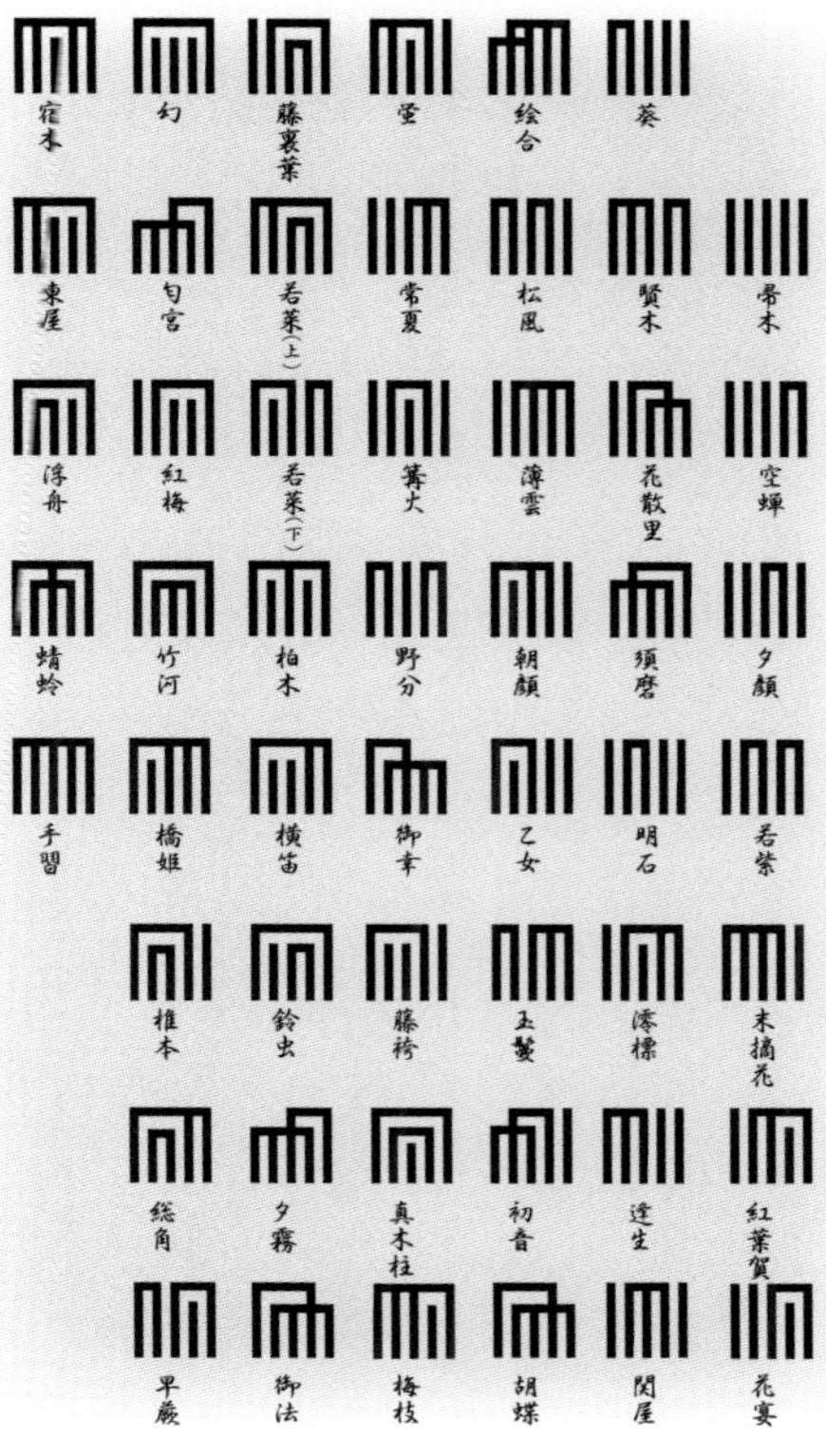

◉将棋

将棋は二人で行う盤上遊戯（ボードゲーム）の一種で、一般に「将棋」という時には、特に本将棋（ほん将棋・古将棋や現代の変形将棋や変則将棋と区別するための名称）を指します。チェスなどと同じく古代インドのチャントランガが起源といわれていて、西へ伝わっていったのがチェスで東へ伝わり最終的に日本へ伝わったのが将棋です。日本には中国経由で伝わったといわれているが、インドから直接伝わったとの説もあります。シャンチー（象棋）は中国やベトナムで将棋選手権の盛んな将棋類であり二人で行うボードゲームの一種です。中国では国家の正式なスポーツ種目になっていて、中華人民共和国の非物質的文化遺産に登録されています。シャンチー（象棋）は日本の将棋と同じく駒を取りあいますが取られた駒は再利用できません。これが日本の将棋と根本的に違うところです。

将棋人口は約５３０万人で国際将棋ファーラムや世界コンピューター将棋選手権の開催もあり、日本国内外の普及も進んでいます。

又、若い藤井聡太四段（２０１9年3月現在七段）の出現で従来の将棋ファンの年代幅が拡がり小学生やその下の年齢層まで愛好家が増えています。

将棋は９×９の81マスの将棋盤と40枚の将棋駒が普及し、「はさみ将棋」や「まわり将棋」など本将棋の他にも将棋盤と駒を利用して、別のルールで行う遊びがあり「変則将棋」と総称されます。歴史的には「大将棋（２２５マスと１３０駒）」・「中将棋（１４４マスと92駒）」・「小将棋（81マスと40駒）」があったが、これらは「古将棋」と呼ばれ、現代でも少しの愛好家が存在しますし、福井県には「朝倉（戦国大名）将棋」が残っていてイベントの朝倉将棋の大会も開催されています。

チェスには持ち駒（取り駒）の再利用制度がなく、将棋には持ち駒が再利用出来るところに大きな違いがあります。将棋の駒である金・銀・桂（馬）・香（やり）は資産貿易品を表し、将棋は戦争という殺し合いのゲームではなく相手から奪った資産は自分のモノになるという当然のルールが生まれたとも言われています。

「応仁の乱」などの実際の戦争に嫌気がさした貴族により、ゲームであっても戦争を忌避し「駒を殺さず再利用」するというルールが生まれたとも言われています。

１６１２年（慶長17年）頃に幕府は将棋と囲碁の達人であった「大橋宗桂」や「加納算砂（本因坊算砂）」らに俸禄を与え江戸幕府の公認となりました。宗桂の後継者は将棋の家元となり最強の者が「名人」を称し現在に至っています。現在では名人戦など色々なタイトルがあり、女流棋士も出現しプロのタイトル戦やアマチュア将棋戦が開催されています。又、コンピューター将棋選手権も開催されコンピューターの方が棋士に勝つことが多くなってきていますし、一般にもコンピューター将棋が盛んです。競技人口は１６８０万人（１９８５年）から５３０万人（２０１５年）へと減少傾向にあったが「藤井聡太」君の出現により幼児や小中学生などの若年層にも将棋人気が高まり競技人口も８００万人超となっています。

私も将棋は少々やりますので、大山・升田両名人の対戦には興味津々で興奮して結果を見守ったものです。中学生の藤井聡太君の出現は大変驚きましたし、経済効果も大きいようです。

藤井君のサイン入り将棋扇子やグッズは売り出されれば即完売の状態で、将棋ゲームや将棋盤・将棋駒販売や将棋会所などへも好影響を与えています。私の知人は将棋連盟の扇子を作っているので大変忙しかったそうです。

最近、バラエティ番組で人気の独特のキャラクターを持つ「加藤一二三」さんは天才少年といわれたスゴイ棋士だったとは……。棋士が何十手先まで読めるといわれていますがどんな頭の構造になっているのか？

以前、谷川棋士が兄は頭が良くないので東大へ行ったが、自分はもっと難しいプロ棋士になったとの記事を観た覚えがありますが、その記憶力・判断力・集中力があればさもありなんと思っています。

◉和紙

日本古来の紙で繊維が長く薄くて強く寿命が長く風合いが良く、墨の文字とともに千年も持つといわれる。手漉き（建具・寝具・着物）と機械漉きが有る。応神天皇時代に百済人の王仁が伝えたといわれ奈良時代にはすでに美作・出雲・播磨・美濃・越で盛んであった。この地域は古代から栄え渡来人が多く住みついたといわれている地域である。原料は楮《こうぞ》・みつまた・雁皮紙・檀《まゆみ》である。世界中の美術館の所蔵品の修復、特にルーブル美術館の所蔵品の修復には和紙が使われ、日本の職人が常駐していると聞きました。掛け軸の修復や新調に和紙は必須ですし、風格は和紙の種類の選択によって左右されます。

日本の紙幣は質が良いといわれているが、上質の和紙はほとんど日本銀行に買い上げられ紙幣（お札）に使われているのはご存知ですか。

普通の色紙での寄せ書きが小さい場合は、上質の和紙に寄せ書きをして折り紙などをを真ん中に飾ったりすると素敵な品になります。（折り紙の項を参照）

◉折り紙（折紙）

紙を折って動植物などの形を作る日本伝統の遊びです。上級武家社会の和紙で物を包む為に用いた「折紙」「折紙形礼法」から礼法部が失くなり、庶民に遊戯用に発展普及したもので日本を代表する独自の文化で「Origami」として広く世界に知られています。

昔から折り紙の鶴や兜から花・果物・動物・魚・昆虫などから最近では若い人を中心に、バレンタイン・七夕・ハロウィン・クリスマス用などの新しい折り紙がどんどん考案されていますし、特に米国やヨーロッパで新しい日本の伝

統文化として人気です。又、国内外で多くの折紙教室が開かれ折り紙の入門本から専門本まで多く出版されています。

T社でフランス駐在員を約30年務めた方からフランス人の友人の革の匠がフランスの人間国宝といわれるフランストップの「国家最高優秀職人賞（ＭＯＦ）」を授与された祝いのパーティで日本的なもので記念に残ることをしたいと相談を受けて……日本の人間国宝の和紙（普通の色紙の4倍位の大きさで５０００円以下―安すぎる）への寄書きを提案すると即決され、京都でＮＯ1といわれる紙店で購入してフランスへ持って行きました。フランスのパーティー会場でフランス留学中の彼の娘さんがその場で鶴を折り、日本の人間国宝制作の和紙の真ん中に糊づけして、参加者全員で寄書きをしてプレゼントするとその匠は大感激したとのことでその後、額を特別オーダーしてその寄書きをリビングに飾り宝物にしているとか。日本の折紙＝折鶴と和紙が素晴らしいことを再認識しました。

◉蛍（ほたる）

日本における「蛍」は、初夏の風物詩としてあまりにも有名です。

日本で生息する蛍の種類は、世界中の蛍の数が2000種類ある中、40種類前後とごく僅かで、日本固有種の代表的なものと言えば「ゲンジボタル」「ヘイケボタル」「ヒメボタル」の三種類と言えるでしょう。特に「ゲンジボタル」は、本州・四国・九州と周囲の島に分布し、光が他の蛍よりも大きく、光の間隔も長いとされています。水辺に飛ぶ「ゲンジボタル」は、その明滅間隔が2～4秒であることが余韻を含み光の間隔が幻想的なものとなっており、日本人のホタルへの独特の感覚が作られたのではないかと考えます。また、「ヘイケボタル」は、沖縄を除く日本全域に分布しています。蛍の光と色、そして暗闇。そこから、美や幻想、癒し、はかなさを感じ、「風情」あるものとして太古の昔から現代人に受け継がれています。

720年頃の奈良時代に書かれた「日本書紀」に初めて登場し、平安時代になると「万葉集」や「源氏物語」にも登場します。平安時代は貴族による「ホタル見」、江戸時代は庶民の「ホタル狩り」として親しまれていました。現代でも、日本各地で「ホタル祭」や「ホタル観賞会」が行われています。

梅・桜・アジサイ・ホタル・蝉……など、四季折々の風物詩として、日本文化に欠かせない景色の一部となっています。

「ゲンジボタル」の名前の由来は諸説あり、源平合戦の発端となった以仁王の挙兵の際、負けて討ち死にした源頼政の無念が蛍に例えられたことからこう呼ばれるようになったという説がひとつ。そしてもうひとつは、「源氏物語」の中に登場する「光源氏」が蛍のように光り輝く、という描写からきたという説もあります。また、「ヘイケボタル」の由来は、これも諸説ありますが、「ゲンジボタルよりも小さい」ことから、源平合戦で負けた平家になぞらえているという事です。

和歌や童謡、俳句や短歌まで、広く親しまれた「蛍」。京の里山の美しい河川に独特の優しいリズムで光の乱舞を繰り広げています。また、都会においても古来からの水脈に「蛍」を見ることがあり、悠久の刻を感じさせてくれます。

日本美の根本を彩る芸術の世界

◉日本画

日本画とは、日本の伝統的な絵画。日本画の名称が確立するのは明治十年代（19世紀末）で、西洋画＝油絵に対する語として生まれ、伝統的な日本の絵画を流派・様式の区別なしに、一括して「日本画」と呼称するようになった。したがって、今日、日本画とよばれている絵画領域には、広義には大和絵《やまとえ》（やまと絵、倭絵）、唐絵《からえ》、水墨画、南画、洋風画をはじめ、浮世絵などの風俗画まですべてを含むことになるが、狭義には、大和絵と唐絵の交流によって生まれた狩野《かのう》派や、江戸時代中期以降に発展した円山《まるやま》派、さらに明治以降流行した大和絵風な平面的で装飾的な絵画をさす。

［日本大百科全書］の解説を引用

このように、明治十年代に西洋伝来の油絵具を使う油絵を「西洋画あるいは油彩画」というのに対して従来から伝わる日本の技法によって描かれる画を「日本画」と呼ばれた事からこの言葉が定着したようです。

そのきっかけになったのが、1882年（明治十五年）、アメリカの東洋美術史家で哲学者でもあるアーネスト・フェノロサが龍池会（財団法人日本美術協会の前身）にて「美術真説」という講演で使用した Japanese painting の翻訳が「日本画」という言葉の初出だという事です。ここではフェノロサが日本画と洋画の特色を比較して、日本画の優秀性を説いたといわれています。

フェノロサは、1878年（明治十一年）に来日し、東京大学で哲学、政治学、理財学（経済学）などを講じ、講義を受けた者には岡倉天心、井上哲次郎、高田早苗、坪内逍遥、清沢満之らの名前があがっています。また、教え子である岡倉天心と共に、東京美術学校の設立にも尽力しています。

さて、「従来から伝わる日本の技法」とは、どういうものでしょうか。

油絵の具に対して、日本画の絵の具は鉱物質の顔料が主になっていますが、決して扱いやすいものではなく、また、その技法を習得するのに修練を要します。次の頁に日本画材に、どういうものがあるのか掲載いたしました。

日本画は、千数百年以来続いている絵画様式が基本とされ、その画材も伝統的な天然素材（鉱物由来、植物由来、動物由来）が主体です。

●天然の岩を砕いて粉末にした「岩絵の具」　群青《ぐんじょう》、緑青《ろくしょう》など…

●金属粉末などの「泥絵の具」　黄土《おうど》、朱、丹《たん》、金銀泥など…

●水に溶ける「水絵の具」　代赭《たいしゃ》、藍《あい》、臙脂《えんじ》など…

さらに、墨は、油や松を燃やして採取した煤《すす》を膠《にかわ》で練り固めて乾燥したもので、水とともに硯《すずり》ですり下ろした状態のものを色材として用います。「墨に五彩あり」とも言われるように、黒の中にも多彩な色味があります。また、重要な白い絵具には、ホタテ貝殻の微粉末から作られる顔料「胡粉」があります。日本人形や能面・神社仏閣の壁画や天井画などにも用いられ続けています。また、「胡粉」の白に雲母などのパール色をのせる事により輝きや盛りあげができると言われています。その他には金などの金属材料として「金箔・銀箔」なども用いられます。これらの絵の具は、まえもって礬水《どうさ》（明礬《みょうばん》を溶かした水に膠《にかわ》を混ぜたもの）をひき、和紙や絹織物に描かれます。ここからがさらに熟練の技法が用いられます。線を引く運筆技法、色彩のぼかしの技法など、日本画独自の伝統があります。和紙も奉書丈長《ほうしょたけなが》、生漉紙《きずき》、美濃紙《みのがみ》、鳥の子紙《とりのこし》など、日本画を描く和紙が多くあります。また、絹織物には、絵絹と呼ばれる日本画の基底材料とするものがあります、日本画の美しさをもっとも引き出してくれますが、正絹の繊細さを扱うのは充分な注意と技が必要になります。

日本画家として最も素晴らしい才能の持ち主で、今や世界で活躍されている千住博氏は、私の経営するギャラリー・大雅堂で１９９４年３月に個展をされています。当時は無名だった千住氏の作品には非常に衝撃を受けたものでした。その次の年、１９９５年には、「ベネチア・ビエンナーレ」展で、日本画で初めて名誉賞を受賞され、日本を代表する画家として今や追随を許しません。

初の個展が京都で開催されたことによって東京では、かなり騒ぎになったようです。代表作の『滝』はそれ自体が絵の具を流しての「滝」なのであり、「滝の描写」ではないと千住氏はおっしゃいます。ここに絵画のイリュージョンから抜け出せなかった歴史からの展開を試みているとし、またテーマと技法と手段が完全に一致した実証と言えるでしょう。私が千住氏とお話をさせていただいた時、千住氏が日本画を目指したのは、「絵の具にある」と言われます。鉱物由来の絵の具は、それこそが宝石にも価する。まるで宝石を再生していくように、日本画が出来上がって行くのだと認識させられます。日本画の画材一つ一つが匠の技によって出来ています。その技をさらに美しく丁寧に表現した日本画の素晴らしさは、日本人の誇りと言えるでしょう。

千住博展／ Water Fall
(1994.9.3～1994.9.14)
於：大雅堂

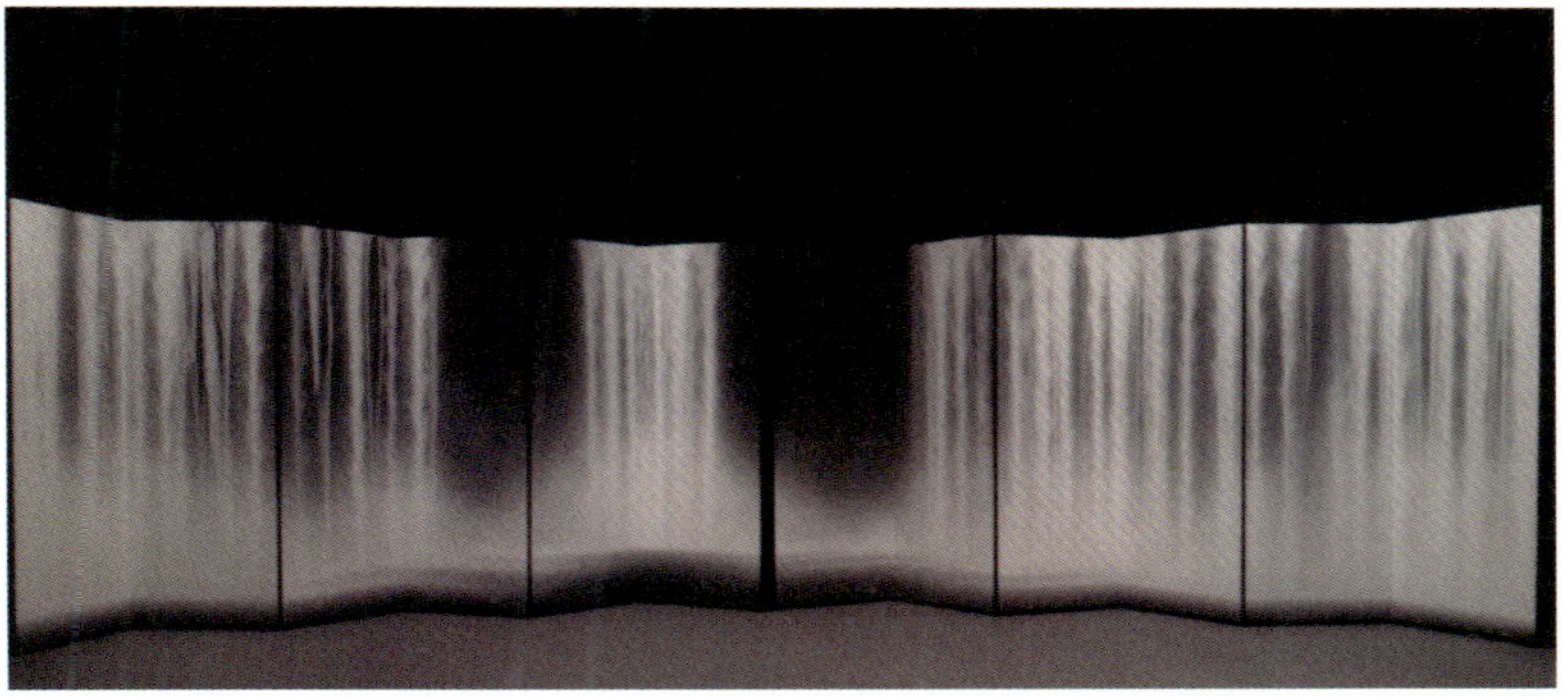

千住博『水神宮』メトロポリタン美術館蔵

◉墨象

前衛書道から発展し、書道の概念・領域を超えた芸術分野のことです。伝統的な書の概念を離れて、墨色・筆致・余白などによる純粋な造形性を追求する書道です。第二次世界大戦後に興り、昭和30年代以降に盛んになり上田桑鳩らが運動の先駆者に挙げられ書道の域を超えた芸術分野にまで成長しています。書道分野で急速に発展し、現在ではその他の分野にも波及し、墨象は五感を使った立体芸術、さらに墨の時間経過による劣化など四次元的な要素も備えるもので簡単にいえば墨を使った造形芸術。つまり墨の象《かたち》といえるでしょう。

この度、日本異次元文明論の表紙に題字を描いていただいた萩野丹雪氏が墨象について、さらに詳しいお言葉をいただきました。

「墨象の周辺」

萩野丹雪

「書」のジャンルとして、漢字・かな・詩文篆刻に加えて「墨象」。伝統的な書から離れて墨色、筆触、余白などによる造形性を追求する。——いわば前衛書道と同類に入るものといえます。第二次世界大戦後、日本の書道界で盛んになったという芸術運動です。

文字を書くことだけにこだわらず、墨を基調として、あらゆる造形的な表現、展開する世界。前衛書道といえば真黒な墨を勢いよく画面にぶっつけると言うようなイメージもありますが、東洋ならではの黒と白の世界、漆黒から濃黒まで瞑想的で幻想的な表現は、まさに墨象、今日的モダン水墨というところでしょうか。元来、漢字は象形文字を母体として発展・簡化してきていますので文字そのものは極めて抽象的なものです。例えば「風」だからといって風の形が見えるものでなし、「夢」だからといって夢の抽象的な形などは見えません。心

墨象「幽」

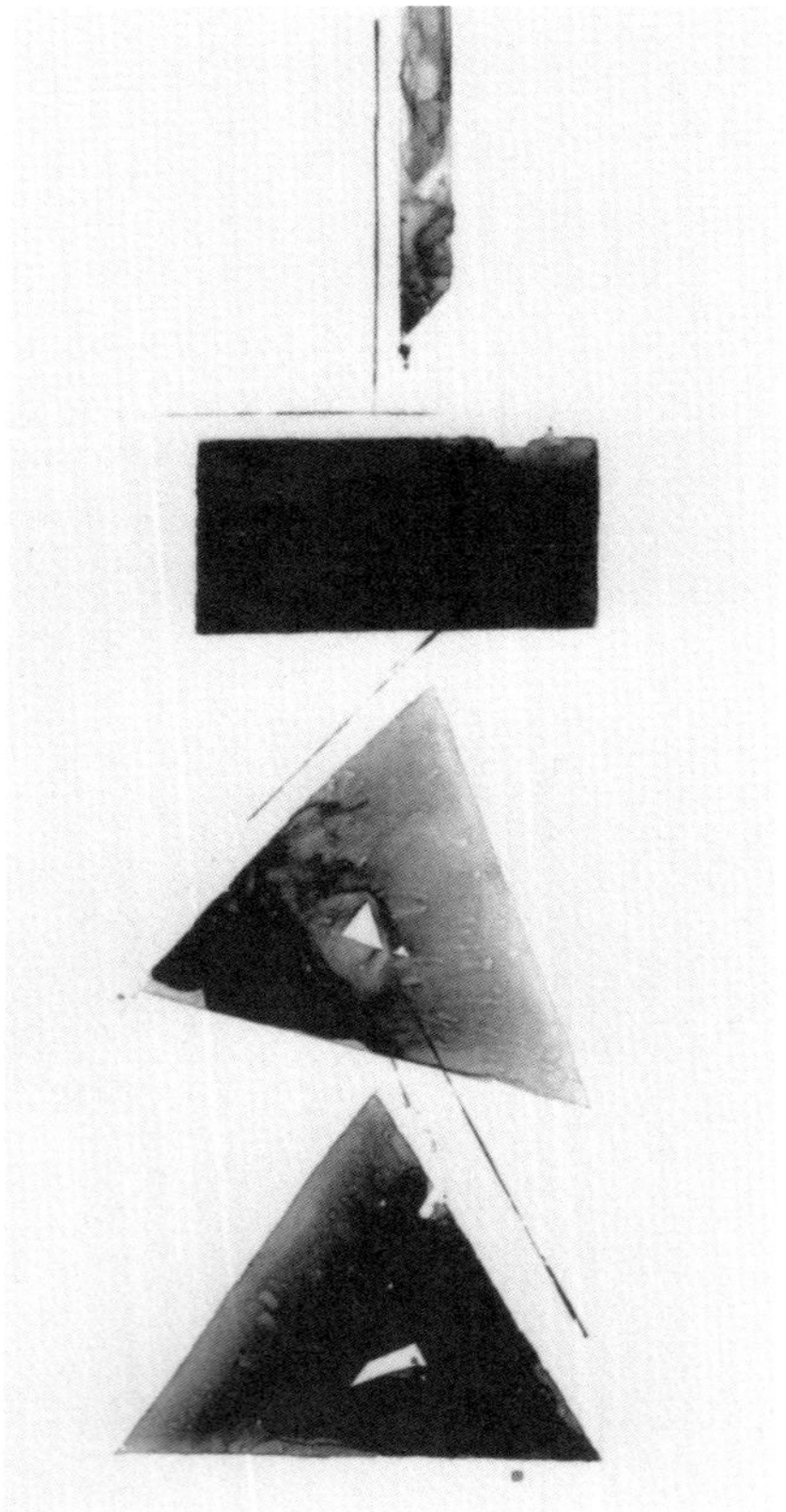

墨象「玄」

象を文字の形や線に託し、心の律動を形象として姿を表しているに過ぎません。

一般的にいって「読めて美しい文字」とは、機能性と美意識が共存するもの。文字を書いているにも拘わらず、もうそこには文字としての機能は失われてしまって、何がどう書いてあるかというより、「どう感じるか」の問題となります。発想がそんな文字をモチーフにしたものに対して、頭から文字性のないもの、すこぶる抽象絵画に近い、とりとめようもない、感性の表現。魔性がひそむとさえいわれる墨による点・線・面、そこに生まれてくる余白の美。変幻自在、多種多様な表現が、個性豊かな作品を創り出すのも、墨象の世界ならではと思

ウイスキー「響」

います。

私にとっての墨象とは、グラフィックデザイナーが墨に、のめり込んだというに過ぎません。色絵の具で描いていた絵が墨絵になり、そんな絵ごころが文字を描きはじめたという具合です。まさに文字を描き、絵を書く――。

伝統的な書の古典と並行して、自由気儘に創りつづけてきました。師(榊莫山)から離れて四〇年、グラフィックデザインの仕事をしながら、書の色々な可能性を探り、二十回の古典で作品を発表してきました。

二〇一二年京都・大雅堂と東京・清月堂での個展には「造形・般若心経」と題し、横幅八メートル、高さ二、五メートルの大作を中心に多くの方に観ていただきました。

こんな墨象の世界に浸る一方で私のデザインワークとしての仕事――およその対象・目的・制約があり、芸術をやっているのとは違って、私の独りよがりは通用しません。
一、に誰にでも読める。

二、に内容、目的、意図に合ったもの。
三、にデザイン性と相まって、インパクト、品質感、オリジナル性といった、三要素が基本。私ならぬ私の仕事の一面であります。そんなデザインワークと墨象という二つの世界のバランス加減が微妙に私の内面を支配しているように思います。墨象か、デザインかー文字か抽象かと常に模索しつづける毎日です。

エッセンス・ウイスキー（墨象表現）

天然水

ウイスキー知多

スポーツを通して道を解く。

◉剣道

心身の鍛練・人間形成の道であり、江戸中期に発達した防具着用の竹刀稽古を起源とし一気に町人にまで拡がる。幕末の坂本龍馬・桂小五郎・高杉晋作・武市半平太などが江戸三大道場で剣道と勉学に励むと共に江戸幕府打倒の原動力にもなった。幕末の新撰組の多くは武士ではなく農民や町民が多く、局長「近藤勇」は農民・副長「土方歳三」は薬の行商人であって、剣道ではなく剣術といわれていた。多くは「剣術」と呼ばれ「剣道」の名称は明治期に正式に使用されるようになった。現在ではスポーツ競技や体育の面も持合わせる。競技人口は国内130万人で世界では260万人で国内では減少といわれる傾向にある。

好きな幕末の時代小説に坂本龍馬等が各道場の師範代で色々なシーンで試合する場面が出てくるのか納得しました。私の知り合いの子供は、小さい頃から中学まで剣道を習っていたということですが、竹刀代が思いのほか掛かるそうです。竹刀は長持ちをするとお思いでしょうが、先が割れてくると面具の間から先が入り目が危ないということで短期間で買い替えていました。又、武道をやると体をかわすことや相手の力を利用することで相手を押さえ込むことが上手くなり、小学校の高学年になると歯が立たなくなるそうです。

◉弓道

和弓で矢を射て的に当てる一連の所作を通じて心身の鍛練をする武道です。現在ではスポーツ競技や体育の面も持合わせています。登録競技人口は約14万人で愛知・東京・神奈川に多く特に愛知の半数の高校にあるが大阪では10％弱しかない。高校生では競技者数は6万人台で剣道を上回る。小笠原流・日置流・本多流・大和流があり、「礼射系」は小笠原流、「武射系」は日置流があり、有名な三十三間堂の通し矢は本多流である。弓は本来は竹と木だが今は安価な強化プラスティック製で矢はジュラルミンまたは強化プラスティック製になっている。手袋は鹿皮で、弓道衣は上衣―白筒袖で袴―黒または紺である。

弓と矢は消耗品でなかなか高価であり、弓道場も広い安全な場所が必要で弓道部の有る学校は少ない。

三十三間堂の通し矢は従来は1月15日の「成人の日」に行われていましたが、現在は15日の直前の月曜が「成人の日」に変わり当日は振袖姿の成人の若い女性も多く晴れやかです。

私の知り合いの娘さんが弓道をしていて三十三間堂で振袖姿で「通し矢」をしたいと京都の大学を受験したということです。

春の三十三間堂

◉空手道

空手は、琉球王国発祥の格闘技で武器を禁止された為、手足など身体だけを使って戦う武道として発展し多くの流派ができ、薩摩示現流も空手が元だといわれています。ロシアのサンボや韓国のテコンドー（日本の松涛館空手から派生したもので競技人口は５０００万人とも・オリンピック競技）は空手が発展したものだといわれ、多くの流派があり試合形式の違いから「寸止めルール」の伝統派空手と「直接打撃ルール」のフルコンタクト空手と「防具着用ポイント制ルール」の防具付き空手とに大別できるそうです。

大山倍達の極真空手は劇画でベストセラーになったのでよく読んだものです。身近の人でも色々話をすると空手を習っていたかとか黒帯だという人が何人かいます。護身術として少し習っていたら良かったのにと思いました。

海岸での練習風景

◉相撲道（角力・力くらべ）

神事であり武芸・武道であり、その名残が大相撲に多く残っています。最初に体系をおよそ仕上げたのは織田信長ともいわれています。代表例としては横綱の土俵入り・綱廻し・土俵・弓取り式などに見られ、行司が小刀を差しているのは勝負に差し違いをした時は切腹をするという覚悟の表れだといわれています。始まりは古代垂仁天皇時代の野見宿禰《のみのすくね》の戦いだといわれていて、江戸時代は大関が最高位であり有力な各藩が力士を抱え勝負を競いました。大関の中で心・技・体に秀れた大関が神の領域と言われる横綱になります。その証しは横綱のみが許される綱廻しがあります。

戦後の大相撲、若乃花VS柏戸、輪島VS栃錦、大鵬VS柏戸、千代の富士VS初代貴乃花、貴乃花・若乃花時代に熱狂した人は多いでしょう。

モンゴル相撲も有名ですが、モンゴルから多くの力士が来て横綱はじめ幕内

満員御礼の垂れ幕

力士を輩出しています。モンゴル相撲には「ブフ」というルールがあり肘・膝・頭・背中・尻のいずれかが先に地面につくと負けで、土俵といったものが無く場所を制限されることはないし、時間の制限もないという事で日本の相撲と大分違います。　日本の相撲には、神事の名残として横綱の綱廻し・弓取り・千秋楽の三役への矢渡しなどが残っています。国技ではありますが日本の力士が少なくなり、外国人力士、特にモンゴル力士が多く、伝統が上手く伝えられずルールが乱れ、勝てば良いとの風潮は看過できません。入門時からキチンと歴史や心構えなど、あるべき姿を伝授していくことが日本の相撲界を維持していく重要な事であると考えます。また、新弟子の入門希望者が激減しているいることが何に起因するのか猛省し、内部だけでなく外部の人材を登用して改革する必要があるのではないかと思います。

令和元年5月25〜28日、米国大統領のトランプ氏が令和初の国賓として日本に来日されました。安倍晋三首相の提案で、東京・両国国技館の大相撲夏場所の千秋楽の「結びの一番」などをメラニア夫人を交えて観戦。首相が「前の方が迫力がある」と勧めると、トランプ氏は升席からの観戦を熱望したとか。首相は格闘技好きのトランプ氏に間近で国技を堪能してもらい、関係強化につなげたいという考えなのだろう。観戦後、大相撲優勝力士に、これも初の米国大統領杯贈呈があり、トランプ氏は、授与へ。今後、大相撲夏場所の千秋楽には大統領杯が組み込まれるということです。ちなみに大統領杯は高さ１３７センチ、重さ約30キロ。トランプ氏は表彰の言葉を述べ、これも初優勝の朝乃山をにこやかに讃えました。

娯楽文化を超えた格式の伝統芸能

◉能狂言

能の狂言の意で能の別称であり、能に付随する狂言は通常は単に狂言と呼ばれます。狂言方・狂言師・能面・能装束のように呼ばれるが歌舞伎狂言や演《だ》しものも狂言というようになったためそれと区別して特に「能狂言」と呼んだそうです。江戸中期になると歌舞伎や演劇の別名として使われるようになったので「能狂言」と呼ばれることが定着した。本来の狂言をくずして俄風《にわか》にしたものが寺社の境内で演じられたもののこともそう呼びます。有名なところでは京都の壬生寺の「壬生狂言」が良く知られています。

能は詩・劇・舞踊・音楽・美術などさまざまな要素が絡み合い一体となった「総

合芸術」で「和製ミュージカル」ともいわれます。大陸からの「散楽」をベースにして、古来より演じられていた民衆の芸能（田楽や曲舞など）をとりいれて、観阿弥・世阿弥親子が原型を作ったといわれ当時は「猿能楽」呼ばれ奈良を中心に広められ京都に進出して、将軍・足利義満の応援を得てその地位を確立しました。そして時代に沿って人々の好みに合うように作り替えられ姿を変えていき、能好きの豊臣秀吉の庇護を受け、江戸時代には幕府の式楽の地位を不動のものにしました。

各大名の城には能舞台が設けられ、祝賀の時などに大きな会が催されました。能と狂言については「能」は歴史や神話などの物語を題材にした幻想的・悲劇的な内容に対して「狂言」は一般庶民の日常生活を題材にした喜劇的な内容になっていきました。

能の台詞《せりふ》は「〜にて候《そうろう》」という文語体ですが、狂言は室町時代に庶民の間で使われていた会話がベースになる「〜でござる」という口語体です。

能は登場人物が歴史上有名な武将などが主役で面を付けて演じられるが、狂言は主に素顔で演じられます。

能舞台

能を観劇する時は前もって内容を勉強しておかないとぶっつけではなかなか私には理解できません。

京都には注意して歩いていると能面や能装束や小道具の会社や店が多く有ります。（特に御所近辺に）「薪能」は夜に薪を焚いて演じるから薪能というのだと思っていましたが、京田辺市の「一休寺」のすぐ近くに有る「薪神社」で演じられたのでそう呼ぶとか……。

室町時代の「応仁の乱」では、京都の多くが焼けてしまい、能楽観世流三代・音阿弥が一休和尚を頼って疎開逗留し、墓も一休寺にあります。

◉歌舞伎

歌舞伎は日本固有の演劇で伝統芸能の一つで国の重要無形文化財（１９６５年指定）で、２００９年にはユネスコの世界無形文化遺産の代表一覧表に記載されました。「歌舞伎」という名前の由来は「傾く（かぶく・かたむく）」からだといわれます。戦国時代の終わり頃から江戸時代かけて流行した変わった形を好んだり常軌を逸脱した行動を指した語で特にそうした人たちを「かぶき者」と言いました。「かぶき踊り」は主に女性が踊っていたことから歌舞する女との意味で「歌舞姫」や「歌舞妃」「歌舞妓」の表記が用いられました。

「歌舞伎」という名称は俗称で公的には「狂言」または「狂言芝居」と呼ばれていて「歌舞伎」の元祖は「阿国《おくに》」という出雲出身の女性が始めた「かぶき踊り」であるといわれています。

「阿国歌舞伎」の発祥の碑は京都市東山区の南座の西側・四条大橋のたもとにあります。

歌舞伎役者を「成田屋（市川團十郎～）」や「音羽屋（尾上菊五郎～）」などと呼ぶのは役者が身を置いた茶屋の名残りであるとか。歌舞伎役者の浮世絵も人気を得て歌舞伎の拡がりの一助となっています。現在でも東京「歌舞伎座」・大阪「新

演目を彩る歌舞伎の錦絵

歌舞伎座」・京都「南座」で常設の劇場があります。

歌舞伎も能と同じく前もって予習しておくと良くわかります。成田屋〜とか音羽屋〜とかここぞという時に声をかけるのは難しいと常々思っていましたが、専門の人がいるのでしょうか？

京都の南座は２０１８年12月の「吉例顔見世」前にやっと何年振りかの耐震工事が終わり、四条通りをほとんどの歌舞伎役者が正式な紋つき姿で練り歩き大評判となりました。沿道に大勢のファンの人たちが、各人のひいきの役者さんをスマホで写していました。それをみると現在でも歌舞伎人気がいかに高いか良く解りますし、人気を保つための努力に感服いたします。

心の豊かさはバラエティ豊かな食文化に繋がる。

◉和食

日本料理のことで洋食に対する言葉、狭義では精進料理や懐石料理のことで、日本の風土と社会で発達した料理。旬などの季節感を大切にする、おせち・彼岸のボタ餅・月見団子・冬至のカボチャがもとである。最近は世界的な和食・日本食ブームでもあり、２０１３年に無形世界文化遺産に登録されました。

ミシュランの星を持つ日本料理店が多くなり外国人に人気がある。以前にアメリカの青年に京都駅前で安い宿を探してと頼まれ、本願寺の元宿坊の宿屋（確か３，５００円でした？）を紹介したら、明日の昼食は「嵐山吉兆」で食べたいというので「大変高いですよ」と言ったら「大丈夫、カードがあるので～」

とゴールドカードを持っていたので予約をとってあげました。穴のあいたジーンズにTシャツにリュック一つでしたが価値観が違うのですかね。

行ってみたい店は何軒がありますが、予約が取れないのと何よりも財布が許さないのが現状です。宝くじに当たったら行きたいものです。会社員時代は夏休みと冬休みに映画・遊園地・食事（和・洋・中）券が半額で手に入るという特典がありました。抽選ですが…。私は妻の希望で食事券を申し込み何度か当たりました。和食の「菊乃井」（大きな部屋に妻と二人だけで恐縮）やイタリアンの「イルギオットーネ」や「萬葉軒」など、なかなか行きにくい店に行きました。

◉寿司

鮨―江戸（東京）／鮓―浪速（大阪）

米飯とともに魚介類を組合わせた日本料理。鮒鮨が日本のスシの始まりとされています。語源は「酸し＝すっぱい」。季語は夏。

鮒鮨や
彦根の城に
雲かかる（蕪村）

東北タイ、ミャンマーの稲作地方が起源といわれる、奈良時代には魚介の保存として存在しました。寒冷地の関東以北には見られません。早鮨（にぎり寿司など）となれ鮨（乳酸発酵）に大別されます。

江戸時代は蕎麦の屋台と並び屋台の寿司はファストフードで、大きさは、オニギリくらい。鮪《まぐろ》のトロの部分は、脂身が多く冷蔵庫が無かった時代には、腐りやすく商品にならなかったので捨てていたそうです。現代の大人気かつ高価とは大違いです。また、鮪《まぐろ》はサバ科マグロ属に分類され、養殖は無理だとされていましたが最近では、近大マグロと言われる近畿大学のマグロが有名で、少ないが市場にも流通しています。以前は店で職人さんに握ってもらうだけでしたが、最近は「回転寿司」が大変普及して手軽に安く食べられるようになり回転寿司店にインバウンドの外国人がよく列を作っています。

すし学校という体験型の寿司店をご存じですか？

奈良本店には毎日３００人以上つまり年間10万人以上が来て大繁盛です（多くが中国系）。はっぴを着て教えてもらいながら自分で握っていく。握り５種と手巻き３種で４、５００円で、「わさび～」「いらっしゃい」「１２３ヤッター」

など教えてもらった通り大きな声で大喜びです。京都にも伏見区竹田の京セラ近くに「京都すし学校」があります。

本格的な寿司店はなかなか高いですが、回転寿司やすし学校などが入口になるでしょう。

◉ラーメン

中華麺とスープと具で作る料理。拉麺と中華そば・支那そば・南京そばに大別され、明治時代に中華街で生まれ大正時代に全国へ広がりました。タレ……醤油・塩・味噌、出汁……鶏ガラ・野菜・豚骨・牛骨などがあり、具は様々。海外でも人気はあるが、ラーメンの店舗は少なく日本以外の多くはインスタントラーメンです。最近では麺と汁が別々の「つけ麺」が大人気になっています。

全国各地に地域（ご当地）ラーメンがあります。有名なのは旭川・札幌・仙台・喜多方・東京・高山・富山ブラック・台湾（名古屋）・京都・天理・和歌山・尾道・徳島・博多・熊本・鹿児島ラーメンなどが有名です。

地域ラーメンは本当に種類や味が様々で各人の好みで楽しめます。京都にはラーメン店が多く色々な種類のラーメンがあり、総称して京都ラーメンと呼ばれています。こってり系・あっさり系・ドロドロ系ひいては「酒粕」ラーメンまであり、京都駅周辺・一乗寺周辺などをはじめ各地域にラー

メンゾーンができています。「天下一品」「横綱」「来来亭（滋賀ですが）」などの大・中・小チェーンの発祥の地になっています。私の知っているチェーン店のオーナーはお母さんが屋台から始め、今や全国チェーンです。スーパーカーに乗り超高級腕時計を身につけていますが、これは社員に頑張ればこんなこともできると、見せるためだと。頑張れば暖簾分けするから、自分の店を持つように奨励しています。ラーメン屋は流行れば儲かると……。

◉カレー

香辛料を多用し食材に味付けする料理。日本へは明治時代に英国からイギリス料理として入り、それを元に改良され洋食として普及し、国民的人気料理として老若男女に人気があります。日本で独自に発展し多くの種類があり、本来のカレーとは思えないものも出てきています。インド・パキスタン・ネパール・スリランカ料理は我々がカレーと呼んでいるが、各々特徴があり日本人の口に合うようにもしています。固形のカレールーが商品化され、一挙に全国の各家庭に拡がった。横須賀・舞鶴・呉などの旧軍港でのカレーが「海軍カレー」として人気を得ています。

ラーメン店と並び比較的開業しやすいのでカレー店の開業が若い人を中心に多いと言われています。今や最大のチェーン店である「COCO壱番」。愛知県一宮市の発祥の店へ連れて行ってもらったのは何十年前だったたであろうか。当時からトッピングが豊富で美味しかったことを憶えています。

◉駄菓子

駄菓子とは、茶席や贈答に使われる高級菓子（上菓子）に対し、主に子ども向けに製造販売された安価な菓子のことです。元は江戸時代に雑穀や水飴などを材料として作り上げ、庶民の間食として食べられていて安さもあり一文菓子と呼ばれていた。地方の藩においては常備食として蓄えられていた「糒《ほしい》」の払い下げを行っていたことから、それを材料として駄菓子を作り上げ、今も売られる庶民的な郷土菓子に定着した地方もあります。駄菓子という名称は高級な上菓子の対照としてつけられたもので、この頃の駄菓子は材料も制限され高価な白砂糖などを使うことは許されなかったとか。

現在、駄菓子として売られているものは明治からの流れを受け、戦後に発達したものがほとんどで種類も多くなった。パッケージに子供の人気のスポーツ選手やアニメキャラクターを使用し、ものによってはクジ引きが出来て当たりが出れば「おまけ」が貰えるものがあり、当たりが出れば大変嬉しかったものです。昭和期には駄菓子屋が全国の街角にあり一時代を築いたが、最近ではコンビニやショッピングセンターやスーパー等に中心が移った。現在も売られている伝統的な駄菓子は「仙台駄菓子」「飛騨駄菓子─甘々棒」「播州駄菓子─かりんとう」が三大駄菓子といわれます。

駄菓子の種類としては、黒棒─黒砂糖味の棒菓子・南蛮菓子─カルメ焼・金平糖・水飴・三角飴・飴・き

なこ飴・サクマ式ドロップス・ポップキャンディ・ボンタン飴・味カレー・チーズあられ・どんどん焼き―東北地方・ソース味せんべい・エビせんべい・ポン菓子・ベビースターラーメン・ラスク・漬けイカ・甘いか太郎・ビッグカツ・みそカツ―名古屋・酢コンブ・スモモちゃん・ミニサラミ・玉ガム・ラムネ・チョコバット・麦チョコ・綿菓子・前田のクラッカー・ニッキ水・カタヌキ等々懐かしい名がたくさんあります。紙芝居においての駄菓子販売も懐かしいです。

日本最大規模の駄菓子屋の問屋街は名古屋市西区明道町に有ります。また、最近では「駄菓子バー」という駄菓子とお酒が楽しめるバーが人気になっていて、これは２００３年に渋谷区恵比寿にオープンした店が最初だといわれているが、名古屋の大須にある駄菓子バーが最初との説もあります。駄菓子屋は昔はお婆ちゃんが店番をしていて子供達が小銭を握りしめて何を買おうかと目を輝かせていました。

昭和20年代に子供時代を過ごした私は一日の小遣いは5円で駄菓子で使うか「紙芝居」で使うかで毎日悩んだものです。紙芝居はそこの駄菓子を買った子は前の方で観られるが、買わない子は後ろからしか観られなくて子供が多い時は頭越しに少ししか観られませんでした。小遣いが一日10円になった時は駄菓子も食べて紙芝居も見れたので嬉しかったことを思い出します。

播州姫路出身の友人に播州駄菓子が日本三大駄菓子に数えられると話すと、そういえば黒砂糖の「かりんとう」ではなく普通の「かりんとう」がよくおやつに出ていたと子供時代の話しで盛り上がりました。

日本独自の和の装いの世界

◉着物（和服・呉服）

きもの（和服）は日本在来の衣服のことで、近年では日本における民族服とされ着物ともいわれます。和服は「和《やまと》」の「服」すなわち日本の衣服という意味です。この言葉は明治時代に西洋の衣服すなわち「洋服」に対して従来の日本の衣服を表す語として生まれた再命名（レトニウム）したものです。

着物は元来「着る物」という意味であり、単に衣服を意味する語でしたが、洋服が移入して以降「西洋服・洋服」と区別して「従来の日本の衣服」を「日本服・和（やまと）服」と呼ぶようになりさらに着物の語に置き換えられるようになったのです。現在では着物はもっぱら「和服」を意味し、日本で和服という言葉が生まれる明治時代よりずっと前の16世紀の時点で日本人が衣服のことを指して読んだ着物（Ｋｉｍｏｎｏ）が現在でいう和服を表す語としてヨーロッパに知られるようになり、今ではヨーロッパに限らず世界の多く言語で日本で和服と呼んでいるモノをＫｉｍｏｎｏと呼んでいます。

Ｋｉｍｏｎｏは日本の和服だけでなく東南アジア全般で見られる「前合わせ式の服」全般を指すこともあります。良く見られる韓国の「チョゴリ服」もその種類であり中国から朝鮮半島そして大和国へと伝わっていき着物のルーツになったといわれています。衣類を大きく分類するとヨーロッパの衣服のように身体を緊密に包む「さく衣型」と身体に布をかけて着る「懸衣型《きぬかけ》」の二つ分けられます。和服は後者であり「長着」を身体にかけ帯を結ぶことによって着つけています。

洋服は曲線で裁たれたパーツを組み合わせて立体的な身体に沿わそうと造形されるのに対し、和服は反物から直線で切り取ったパーツを縫い合わせた平面構成により造形。織機でも帯や着物の反物の幅は細幅であるのに対し洋服は広幅であり、それがネックとなり素晴らしい西陣織などが永らくほとんど洋服の生地に使われることはありませんでした。

■縄文時代…

石製や貝製の装身具の出土例はあるが衣服に関して、植物繊維などが考古遺物として残りにくいため実態は不明です。しかし、編布の断片やひも付き袋等の出土例があり麻・からむし等の植物繊維から糸を紡ぐ技術や出来た糸から布地を作る技術があったことがわかります。

■弥生時代…

縄文時代とほぼ同じですが、「魏志倭人伝」によって和人の着物は布を結び合わせている…とあることから推測できます。

■古墳・飛鳥時代…

古墳時代の墳墓から発掘される埴輪から当時の服装を知る貴重なことが分かります。この時代の服は男女ともに上下2部式であり、男性は上着とゆったりしたズボン状のハカマでひざ下をひもで結んでいます。

女性は上衣と裳（も—スソの長いロングスカート）姿です。7世紀末～8世紀初めに造られた「高松塚古墳」の壁画から飛鳥時代の貴重な当時の人々の服装が分かります。

■奈良時代…

大宝律令では朝廷で着る服が定められていました。

貴人の礼服《らいふく》…重要な祭祀

朝服《ちょうふく》…月1回の朝会

一般官人の制服…朝廷の仕事をするとき

■平安時代…

中期までは奈良時代とほぼ変わりはないですが、承和年間（831年～848年）の遣唐使の廃止により中国の大陸文化の影響を離れ日本独自の文化が盛んになっていきます。平安後期に登場した平安装束は時代的変化はあるものの基礎的な部分は現代にもキチンと伝わっています。それは皇室の行事や有名な十二単衣に表れています。特に京都の「カルタ始め式・葵祭・祇園祭・時代祭・三船祭」や大阪の「天神祭」などで見られます。

■鎌倉・室町時代…

庶民が着ていた水干（男子の平安装束の一つで、糊を付けず水を付けて張った簡素な生地を用いる服飾）が基になって直垂《ひたたれ》ができ鎌倉時代には直垂は武家の例服になり、室町時代に入ると武家の第一礼装になります。女性用の衣服も簡素になり裳《も》は短くなりハカマへと転化し裳はなくなります。この後は小袖の上に腰巻をまとう形になり小袖の上に丈の長い小袖を着る「打掛」ができました。

■江戸時代…

前期は一層簡略化され肩衣《かたぎぬ》と袴《はかま》を組み合わせた裃《かみしも》がもちいられました。庶民に小袖が流行し、歌舞伎などの芝居、錦絵や浮世絵で役者の服飾が紹介され、庶民に人気となり模倣されていきます。帯結びや組ひもが発達し、帯は後ろで結ぶようになりました。

後期は鎖国により絹が輸入されなくなり全体に地味になっていきましたが、女子は長い袂《たもと》の流行から婚礼衣装の振袖が出来ました。

■明治・大正時代…
西洋人に接する機会が多かった人々の間では早くから洋服が定着しました。明治時代には洋服は主に男性の外出着や礼服であり、日常では和服が使用されていました。女性は和服が主で宮中でも小袿《うちぎ》や袿袴《うちぎはかま》でした。明治4年（1871年）に陸軍や官僚の制服が洋服と定められ洋服の学生服が男子学生の制服となります。女学校の制服が袴から洋服(セーラー服)になる例が増えていきます。

初めて制服としてセーラー服を採用したのは1920年（大正9年）に京都の「平安女学院」であるといわれています。

■昭和時代…

戦前・戦後は昭和１５年（１９４０年）に国民服令が施行され男性用の衣服として国民服が定められた。

戦後、昭和２０年（１９４５年）戦中の服制を含む明治以来の服装令が廃止されました。女性は和服（着物）が高価で着付けが大変なので安価で実用的な洋服に移っていきます。

■平成…

女性の和服は七五三・成人式卒業式・結婚式といった冠婚葬祭時の着用がほとんどとなってしまう。最近、インバウンド外国人にレンタル着物が大変人気で、日本人の若い女性にもレンタル着物が好評で特に京都ではレンタル着物を着ている女性を街中で見かけ様になりました。

最近、京都の大学と西陣メーカーとのコラボで広幅の生地用の織機を開発し、広幅の生地が多く作られようになり、パリコレクションや有名ホテルの内装に使われるようになりました。西陣の創業３００年の「細尾」で社長が元大手商社のイタリア駐在員だから発想が豊かなのでしょう。

着物（和服）の色々な技術は素晴らしいものがありますが、着物自体が最盛期の何十分の一の販売しかないので、この技術を現代の生活に活かせるようにしなければいけないと思います。洋服にもオーダー服・プレタポルテ服・一般服・日常服（例－ユニクロ）などがあるように着物にもシーンによって着られるようにすべきだと思います。ノーベル賞の授賞式での本庶佑先生の羽織袴の着物姿は小柄な日本人の凛とした姿を世界中に伝えました。

最近、着物姿の若い女性達に呉服とも言うがそれを中国の三国時代（184年～280年）の魏・呉・蜀の「呉」から由来すると知っていますかと聞くとウソ～・本当～・全然知らん～とのことでした—唖然・ビックリ。

呉服（和服用の織物の呼称の一つが和服＝着物の一般名になった）は応神天皇時代に伝来したといわれ、江戸時代には「呉服店・呉服屋」の看板で商売をし現代でも「〇〇呉服店」「〇〇呉服」の看板が多く見られます。

生活文化に見るアイデア力と技術力

◉蚊取線香

蚊を駆除する為に除虫菊の有効成分（ピレトリン）などを練りこんだ燃やす渦巻型の殺虫剤であり、古くは蚊遣火《かやりび》といわれた。本来は茶色っぽい色だったが緑色にしたことで一層の人気がでました。現在では東南アジアやアフリカでも広く使用されています。

マラリア・フィラリアの寄生虫病や日本脳炎・ナイル熱・デング熱・黄熱のウイルス病を媒介し、年間百万人以上が死亡しています。（毒蛇で5万人、犬で2.5万人が死亡）

蚊は５０００万年以上前から存在しているそうで、ゴキブリとならび生きている化石です。

蚊が原因で年間に百万人以上も死亡しているとは知らなかったし、その何倍の人が苦しんでいることは痛ましいことです。

蚊取線香や蚊帳が熱帯地方や亜熱帯地方の国の人々に好かれて役に立っていることは嬉しいことです。

◉蚊帳《かや》

害虫から人を守る網。１㎜位の編み目で蚊は通さず風は通し、素材は元々麻で現在は化繊が多く、古代からクレオパトラも愛用していたという。中国から伝来し貴族専用だったが、江戸時代には庶民まで普及しました。江戸西川家が美声でイケメンの男子に行商させて江戸中の女性の人気を得て売り上げを上げた。又、紅布の縁取りをして、麻の色（茶色）から萌黄色（緑色）にして大人気となる。網戸の普及で現在は衰退し、知らない人も増えていますが、東南アジアやアフリカへの海外支援は喜ばれています。

蚊取線香と蚊帳は蚊の被害で苦しんでいる地域では大人気で、マレーシアで蚊取線香の販売で大富豪になった日本人がいることはご存知でしたか？

日本独自の品が日本ではあまり人気が無くなったが、他国で役にたつ品がもっともっとあるのではないでしょうか？我々の身の周りにも色々あるかもしれません。

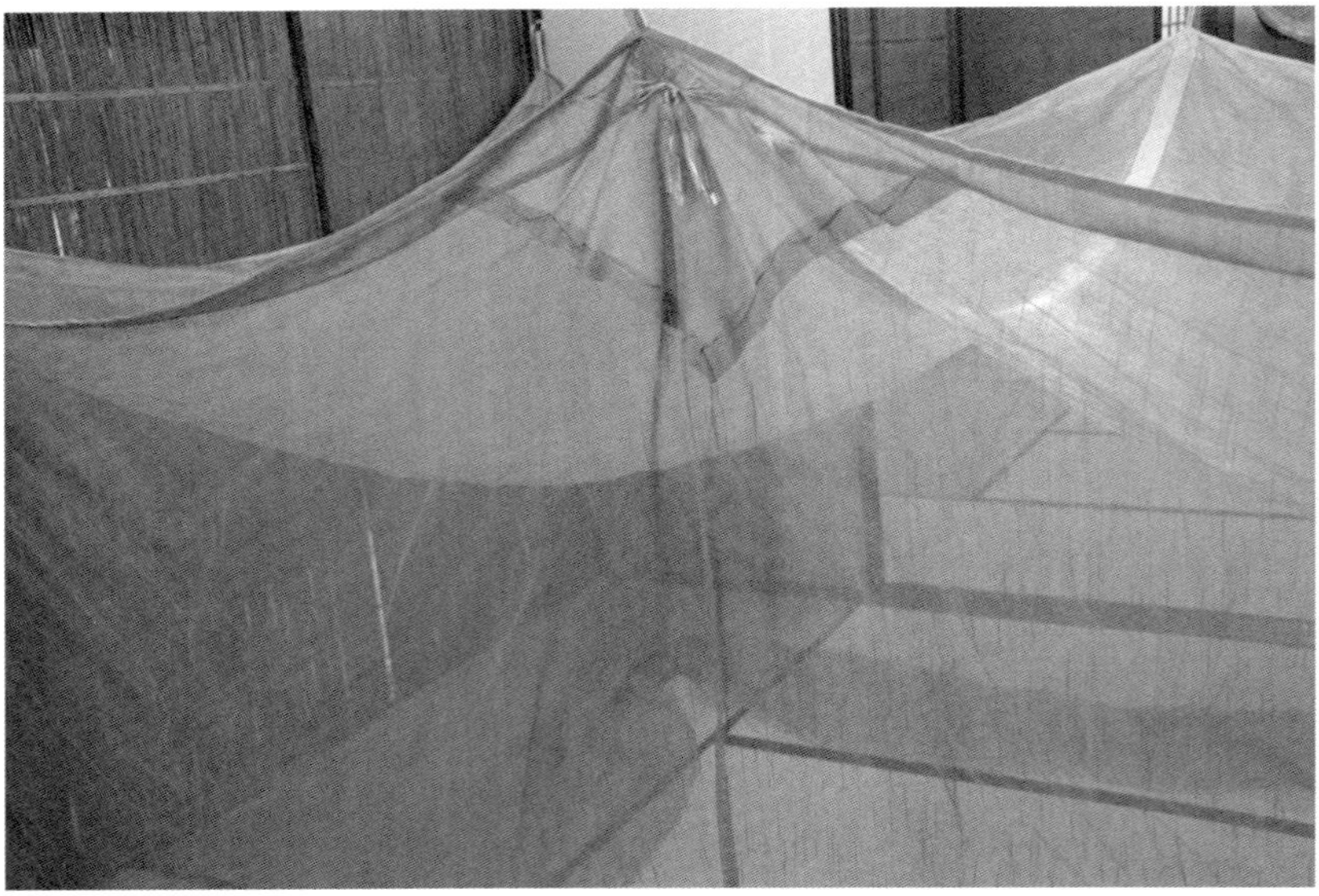

蚊帳（かや）

◉ＴＯＴＯウォシュレット（温水洗浄便座）

元々衛生陶器メーカーだが、新商品のウォシュレットが大ヒットする。１９８２年にＣＭ（コマーシャル）〝お尻だって洗って欲しい〟が話題沸騰し、商品名が知れ渡るとともに商品が大変売れました。

それまでは、下《シモ》＝お尻などはＣＭではタブーだったが可愛らしい女の子を起用し、あえて食事時のゴールデンタイムに流すことで、そのタブーを破った。「紙」だけの排便始末が出来なく

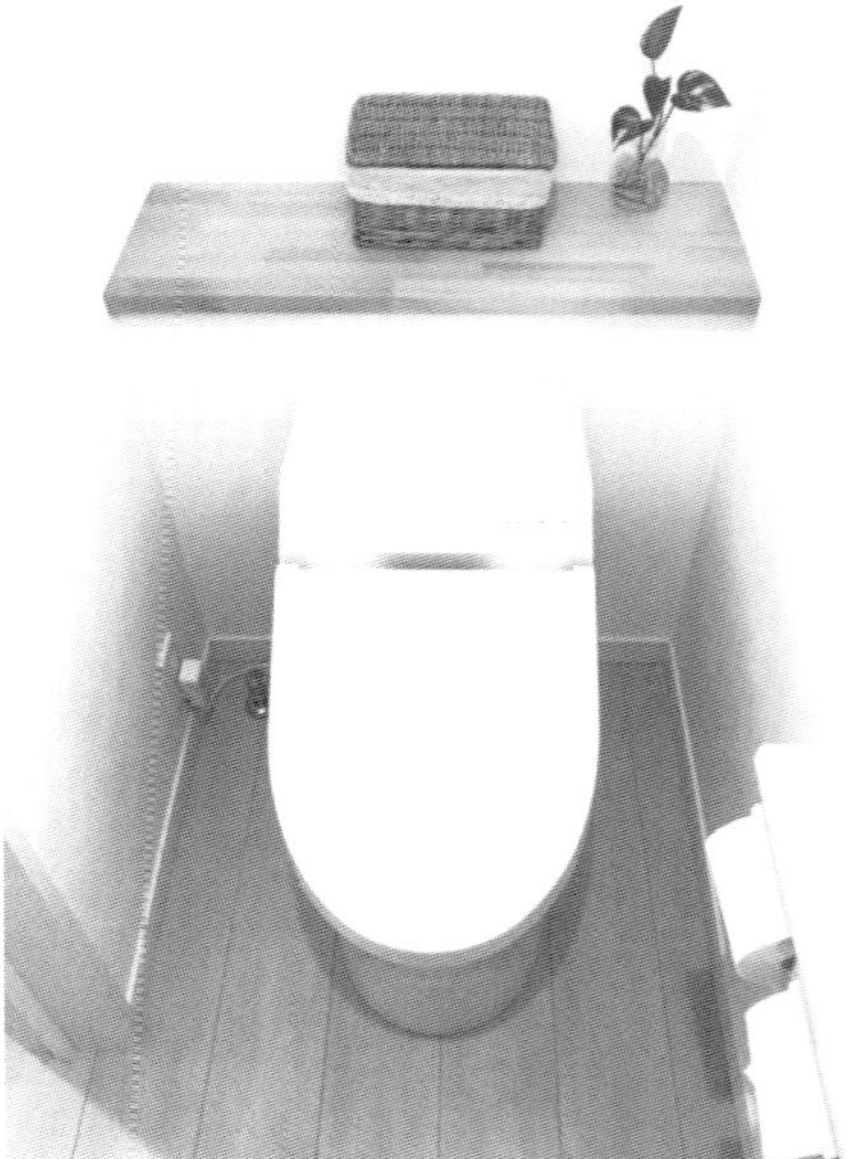

なり現代人の肛門を軟弱にし、ウォシュレットの無い便所には行かれないという現象すら出ている。４０００万台も売上て世界中に普及しつつある。

当時のテレビコマーシャルを覚えている方も多いと思います。コマーシャルが大評判となり一世を風靡し一気にウォシュレットが知られ、歴代ＣＭの中でもトップクラスの評価です。

インバウンドの外国人が日本へ来て驚いたことの上位にいつもウォシュレットが入っています。土産として持ち帰る外国人のテレビドキュメントもありました。

◉１００円ショップ（百均・百円均一）

店内の商品を一点百円で販売する小売店で各社合計で年間一兆円を売上、一万店舗近くなっています。ダイソー、セリア、キャン・ドゥ、ワッツ・ミーツが大手４社であるが、ダイソーがダントツです。催事と定番商品と金融商品で１９９１年にダイソーが常設１号店をスタートさせました。課題としてプライベート商品・数と質・コストダウン・安定供給などが挙げられる。今では日本各地にあり、特にスーパーやショッピングセンターではなくてはならない核ショップのひとつです。

江戸時代の享保七年（１７２２年）には、すでに江戸で十九文均一店があり、後には大正十五年（１９２６年）十銭ストア（約１８０円）を「髙島屋」が50店舗までの全国展開しましたが太平洋戦争で展開中止となりました。現在の１

００円ショップの商品の大部分は中国製ですが、中国では個人の経営者が「一元店」「二元店」「五元店」「七元店」を展開しています。

１００円＝約７元（一元は約１４、５円）

江戸時代に均一ショップがあったことは驚きですし、「髙島屋」が十銭ストアを全国に展開していたことを知る人は少ないでしょう。いつの時代でも消費者のニーズをくみ取りそれに応える形態は企業が繁栄していく鍵かと思われます。それは、「現代アート」３次元↓４次元に通じるのでしょう。

過去・現在・未来を理解して行くことが必要かと……。

武器が芸術文化になるとき

◉日本刀

刀は武器（刀剣）の一種で片側しか刃がない。切るための反《そ》りがあるものが多く、無いものは直刀という。「かた・な」は「片・刃」をあらわし、刀剣は古墳時代以前からあった。「剣（けん・つるぎ）」は両刃であり主に突き刺す武器である。平安後期に反《そ》りが出現し日本刀としての原型が完成し、初めて独自の世界水準となり輸出品として中国を中心として大盛況で、これが日本の「匠の技」技の始まりといわれる。

日本の高水準の「モノづくりの心」がそれ以降にも受け継がれ、現在の製造業に繋がれて行ったといわれる。２０１８年秋に開催された「京都国立博物館」での大人気だった「京みやこの刀展」の入場者の8割が女性で着物姿の女性も多く、以前は刀に興味があるのは圧倒的に男性だと思われていた常識が覆されました。

歴史好きの「歴女」にしても同様です。

大人気ゲームの「刀剣乱舞」の影響が大であり、現在ミュージカル「刀剣乱舞」も大人気となっています。

鑑賞ポイント

「佐野美術館」館長（女性）監修

①**真っ直ぐ立てて観る**……曲線（反り）・全体を観る
姿の美しさ。

②**刃紋《はもん》を観る**……観る光の反射で変化を観る
上下左右で景色が変わる。
作り手の個性が出る。

③**地金《じがね》を観る**……光の当たり方で景色が変わる。
黒い部分で色々な文様がある。

【代表例】

●**国宝**「**名物三日月宗近**」

最も美しいといわれる刀で、地金と刃紋の間に多数の三日月模様が観られ偶然に出来たもので二度と出来なく平安後期の作です。豊臣秀吉の妻「ねね」が所有していて後に徳川氏に贈りました。

●**重文**「**圧切**《へしきり》　**長谷部**」

織田信長が逃げる茶坊主を圧して真二つに切ったという刀。

●**国宝**「**後藤藤四郎　銘吉光**」

個人名がつく刀、本阿弥光徳推薦。

〔沸〕
沸日本刀の刃と地金との境に現れる
銀砂を撒いたように輝いて見えるもの。
〔匂い〕
視覚で捉えられる色彩や
また、それが美しく映えること。
〔厳禁〕
息を吹きかけること直接触ること
指紋がつくと錆びる。

「京みやこの刀」展では国宝19点・重要文化財50数点の展示で圧倒されました。最終日一週間前でしたが三日後に開場9時30分なので8時すぎに並んだが一時間待ちといわれたので、今度は6時20分に並んだが2番でした。一番は山口から来て近くの旅館に泊まったという若い娘さん(二度目でじっくり観たいのでと)で驚きました。

本来武器である「刀」が美術品にまで高められ、最近では女子や外国人まで愛好家がいるのは日本独特でしょう。武士は常に刀を差しているが、刀を抜く時は切腹をする覚悟なので闇雲には刀を抜くことは無かったそうです。江戸城中で刀を抜けば理由の如何を問わず切腹だったとか。

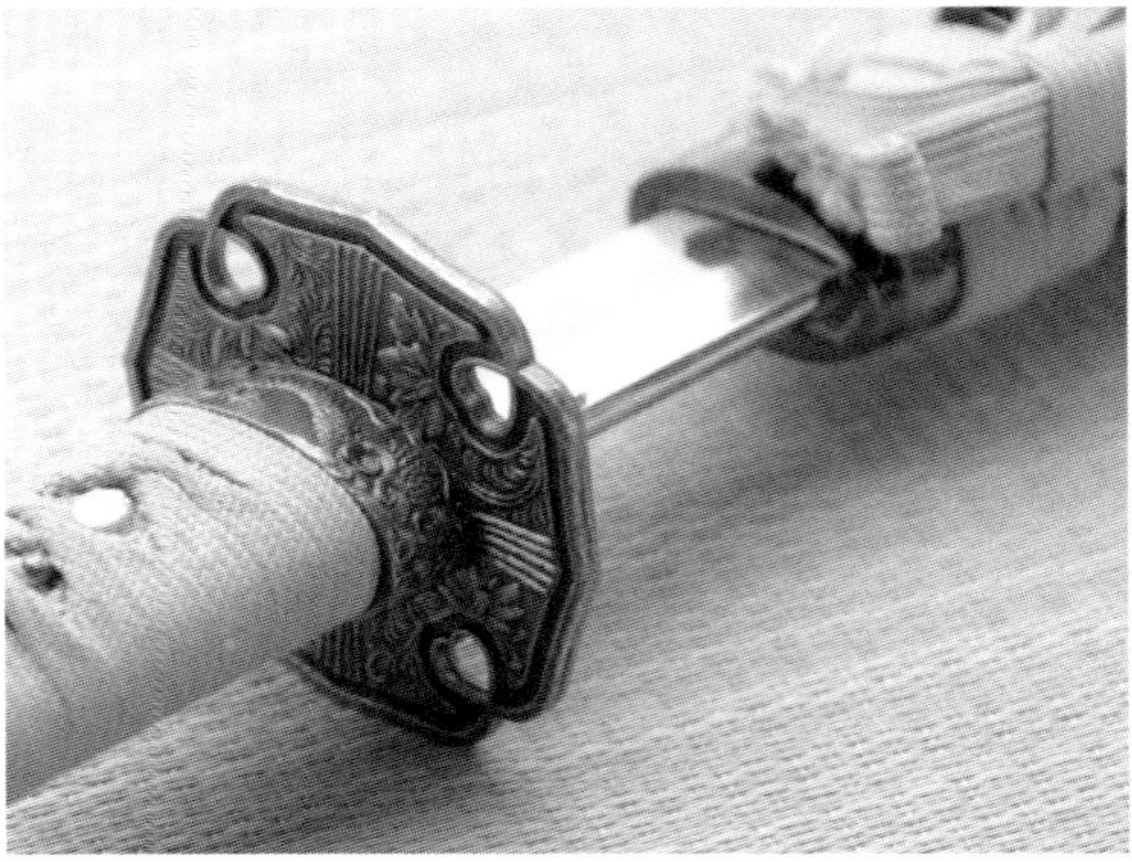

◉航空機産業

戦前の第一次世界大戦で有用性が発揮され、戦争に多様されました。日本では、中島飛行機（スバル）・三菱造船・川崎航空機など10社以上あり、ぐんと密接な関係で民間用ではあまり発展しなかった。戦後10年間は、製造・研究は禁止され、エンジニアは自動車・鉄道産業へ。朝鮮戦争でアメリカ軍の要望で再開するが遅れは取り戻せずにいます。

２０１６年で航空機産業の規模は１兆１６０００億円（内民間は１兆１２０００億円）でアメリカの１／10です。現在、三菱ＭＲＪと本田が小型で近距離用を民間向けに製造しているが、軍需用としては国産「対潜水艦哨戒機」の性能は世界一といわれています。航空機産業はアメリカのボーイングとヨーロッパのエアバスが二大メーカーですが、特にボーイングには日本製の多くの部品や素材が使われていて、特に軽くて強い炭素系繊維はダントツです。

第二次世界大戦の戦勝国が日本の軍事力を恐れ、国産の飛行機生産を長年禁止した為に、飛行機生産の技術は大幅に遅れ、最近ではホンダと三菱が小型ビジネス機にチャレンジしているが、未だ完成にはいたっていなかったりビジネスとしては一人立ちできていません。航空機も自動車に劣らずＡＩ（人工知能）やビッグデータの活用が期待されています。ヨーロッパのエアバスへの部品の供給増大へ大いに努力しています。

異次元文明を振り返って

歴史は、わずかに残った痕跡を元にあらゆる想像を膨らまし、私たちが進む未来にヒントを与えてくれます。縄文時代の縄文土器も弥生時代の山岳信仰や卑弥呼や銅鐸、古墳時代のあの巨大な墳墓も現代人にとっては謎多きものです。また、この謎解きは現代人にとっては、非常に浪漫しかありません。この日本の片隅にも私たちが知らないまま途絶えてしまった風習やしきたりがたくさんあるように、日本はまさに異次元文明そのもの。文化の宝庫だと感じます。

イスラエルやイラクなどの中近東では、宗教戦争が今でも続いています。現代の日本人の宗教感は、どのようなモノなのでしょうか。寛容な国なのでしょうか。それとも日本流になんでも変換してしまうのでしょうか。仏教、神教、キリスト教は、勿論。イスラム教も、日本の窓口、飛行場にまでモスクを作って、イスラム教圏の観光客を迎えています。新興宗教のように、洗脳や詐欺事件などがない限り、理解しようとする国なのです。大晦日に、NHKを視聴していると必ずお寺の梵鐘を鳴らすシーンが出てきます。そして、新しい年のカウントダウンが始まり、年が開けると、「おめでとうございます」といって、神社の参拝のシーンにカットがかわります。0時を境にして、お寺と神社が入れ替わるのが毎年、不思議で面白いなと感心して見ています。

また江戸の太平の時代。その時代の中から、新しい文化が多く生まれ現代にいきずいています。寿司も蕎麦も、今のファストフードと同じ。食べる時間を節約するために、屋台でささっと食べていたのです。それは、日本人の発想力、アイデア力に他なりません。平和で楽しい日本なら、新しい文化は日進月歩、次々に進化は留まることはないようです。

しかし、私たちは、常に危機感を持って生きていくことは必至であり、約一万七千年続いた縄文時代からの悠久の礎をしっかりと守っていくことがこの日本の異次元文明の責務であると考えます。

激動の「昭和」は決して、遠い過去の昔話ではないのです。「平成」も戦争はないものの多くの災害が日本列島を震撼させました。

そして今年、迎えた「令和」の時代。

『人々が美しく心を寄せ合う中で、文化が生まれ育つ。梅の花のように、日本人が明日への希望を咲かせる国でありますように』。という願いを込めて命名されました。これは、『万葉集』巻五の「梅花謌卅二首并序(梅花の歌 三十二首、并せて序)」から引用されています。

書き下し文は、

時(とき)に、初春(しよしゅん)の令月《よい》(れいげつ)にして、

気(き)淑よく風(かぜ)和(やはら)ぎ、

梅(うめ)は鏡前(きやうぜん)の粉(こ)を披(ひらき)、

蘭(らん)は珮後(はいご)の香(かう)を薫(か)をらす。

現代訳では、

時は初春の令月（つやがあるように美しい）であり、
空気は美しく、風は和やかで、
梅は鏡の前の美人が白粉《おしろい》で装うように花咲き、
蘭は身を飾る衣に纏う香のように薫らせる。

この「令」とは、現代人には、「命令」という少し強いイメージの熟語がすぐに思い浮かぶと思いますが、実は、「令夫人」「令息」「令嬢」というように他の家族を敬う時にも使用し、「令月」も良い月というように現代訳はされています。また、麗しいということ。凛としているということ。ブレないということ。整えるということ。整然としっかりと地に足をつけて歩いていくということ。など……。

「令和」という言葉の響は、ふっと風が吹き抜けるようなスタイリッシュな感じを受けます。ラ行で始まる日本の元号は暦応以来およそ680年ぶり、「レイ」の音が先頭に来る元号は奈良時代初めの霊亀（レイキ）以来2例目で１３００年ぶりとなるそうです。

海外では、チベット語の「ｒｅｗａ」と発音が似ているとされ、その意味が望み・希望という明るい言葉であったため、「チベットは深刻な状況が続き暗いニュースが多い中で、明るい話題で注目されてうれしい」、「日本の新元号に、チベット人が『希望』をもらった気持ち」と感謝と祝いの言葉がネット上で話題になったとされています。

今回、初めて、天皇の生前退位による皇位の継承に伴って改元が行われたため新元号の『令和』は、新年のようなお祭り騒ぎでした。昭和天皇は崩御されての『平成』であったのでどこか、厳粛で沈んだムードの中で新元号を祝うという雰囲気ではなかったように思います。

この天皇の「譲位」か「退位」か、と言う表現を巡っては、『「天皇の国政不関与」という壁があるため、「皇位を譲る」という政治的ニュアンスを極力少なくするために「自ら皇位を降りる」という個人的行為に寄せた』と言う論説もあるそうです。

この元号法は、もう日本にしか残っていない法律で、中国をはじめとする漢字文化圏でも、元号をつける国はなくなっているそうです。これもまた、日本が異次元文明と呼ばれる由縁でしょうか。

『平成』の時代では、ほとんど西暦で応えていたので、平成何年かが出てこない時がありましたが「もう日本にしか残っていない」となってくると元号を大事にしたいと思ってしまいます。

ちなみに、『令和』から西暦を引き出すには『令和』を数字の０１８《レイワ》に換えて上に2をつけて２０１８に元年（1）を足すと２０１９年になります。『令和2年』なら２０２０年になります。ちょっと便利な変換方法です。

新著推薦の辞

２０１９年３月13日　谷光太郎

長年畏敬し、教えを仰いできた庄司さんが二冊目の著書を上梓された。庄司さんの第1作は「現代アートが未来をひらく—なぜシリコンバレーは日本に生まれないのか—」だった。シリコンバレーとは、現代の電子情報化社会の基盤となった各種のイノベーション（革新、新考案）を生み出した若手技術者集団が集まり、溌剌として能力を発揮したカリフォルニアのある地域の地名である。

この第一作は、現代アートの育成を、シリコンバレーの生成の原因と対比し、また経済学者シュンペーターのイノベーションによる創造的破壊論にまで敷桁、更に現代アートを四次元世界の芸術（二次元芸術は従来の絵画や書、三次元芸術は彫刻や建築、四次元芸術は頭の中の芸術）と定義する独創的先駆的芸術論であった。絵画はいかに美しく、気品あるものを創り出すかよりも、どのように個性溢れるものを制作するかが重要なのだ、と庄司さんは指摘する。これは、後述するように多くの若手アート作家の才能を見抜き、育成した業績を持つ庄司さんの実績の深みからの指摘であり、現代アートの世界にシュンペーター理論を援用して論じたのは庄司さんを以て嚆矢とすると言っていい。

第二作目の本書は長年、庄司さんが追い求めて来た日本の日本たる所以は何かの問いに答えたものである。

西洋人で初めて日本と支那の双方の文学を研究したのは、「源氏物語」を英訳したことで有名なアーサー・ウエイリーだった。「源氏物語」は全部大和言葉で書かれていて、漢語は例外を除いて使用されていない。また、演劇の能の謡にも支那からの影響がないのを知ったウエイリーは「日本は一つの文明である」と考えるに至った。

ハーバード大学の東洋史研究者だった元中日大使ライシャワーも、①皇室、②神道、③日本化された仏教を考えると、支那文明の中に日本が入らないとした。

西洋人の中に日本を研究する学者が増えるにつれ、キリスト教や欧州古典に依拠しない文明を持っているのが日本で、世界地図に占める小さな位置よりもはるかに大きな存在であることが知られるようになった。

ハーバード大学教授ハンチントンは、その著「文明の衝突」の中で、世界文明を8大文明に分類し、その一つに日本文明を分離独立させ、特色を一民族、一国家、一元首（万世一系の天皇）という他に例を見ないものだとした。

田中英道東北大教授は、日本の歴史を語る時、特に次の三点を感じると言う。

⑴伝統の力：端的に言えば天皇の存在。それが125代続いている。そうした伝統の力は政治の世界だけではない。経済界も然り。創業百年以上の老舗が一万五千以上もあるのは世界でも日本だけである。

⑵美への情熱：美術、文学、演劇、音楽、どれをとっても他国と異なる独自の物を持っていて素晴らしい。

⑶宗教：意識していないにも拘わらず日本人ほど宗教的国民はない。

神社の数は八万余。お寺の数も約八万。コンビニエンスストアが約五万だからこれよりも多い。神道と仏教が影響しあい、神仏習合と言われるがそんな宗教は世界にない。

さて、本書は、庄司さんが日本のアイデンティティー、すなわち日本を日本たらしめている世界に例のない物は何かを論じているものであり、当然ながらその中核は皇室の存在であるとする。皇室は、神代時代から現在まで連綿として続いており、藤原氏、源氏・平家が創ったものではなく、もちろん、織田信長、豊臣秀吉、徳川家康が創ったものでも、明治になって出来上がったものでもない。日本人にとって、皇室は富士山が太古の昔から聳えていたように、大河が悠久に流れていたように、自然に存在して来たものである。ギリシャ神話の海の神ポセイドンを祀った神殿がかつて存在したが、今ではその遺跡らしきものが岬に淋しく残っているだけで訪れる人もいない、と聞く。これに対して、皇室の始祖で神話時代の天照大御神をお祀りする伊勢神宮は建物も神苑も昔の儘に残っていて、世界の指導者はじめ、多くの人々がお参りする。神話の始祖が現代の皇室まで途切れず残っているのは日本以外にない。お隣の支那大陸では、易姓革命や異民族統治の連続で、新王朝は前王朝を徹底的に破壊し尽くし、歴史の分断の歴史であったのと対照的だったのが我が日本である。庄司さんが日本文化の根源は皇室の存在にありとする思いは、京都人として深く京都に親しみと誇りを持つところから生まれているのだと思う。本書の内容を知って戴くには、私の拙い解説よりも、まず本書を熟読されれば自ずとと判明・理解出来ると信じ、江湖の諸賢に一読を薦めたい。

最後になるが、庄司さん本人の紹介をしておきたい。庄司さんは「知る人ぞ知る」の人であって、二つの側面をお持ちである。一つは、多くの現代アート作家を育て上げて来られた実績をお持ちという点。庄司さんの画廊で個展を開いた若手芸術家は既に百人を超えている。私の郷里香川県出身の菊池寛は才能ある若手を援助し、彼等に発表の場を提供するため「文藝春秋」という雑誌を創刊した。「芥川賞」や「直木賞」を作って若手作家が世に出る機会を創った。映画会社大映社長時代には、無名だった当時東宝助監督黒澤明の脚本を高額で何篇も買い上げ、黒澤を経済的に助けた。

菊池寛が「文壇の大御所」と呼ばれた所以である。その意味で庄司さんは「画壇の大御所」とも言えよう。庄司さんがその才能を見抜いて世に出した一人が、国際的に評価の高い千住博画伯。私は国際的に現在も評価されている数少ない日本人画家は洋画では藤田嗣治、日本画では千住画伯と思っている。両者とも、従来の画家になかったものを創出した人で、千住画伯の最初の個展は庄司さんの画廊だった。千住画伯の墨色と胡粉のみの画面から溢れ出さんばかりの水量と飛沫の滝図は、日本人が太古から抱く大山・巨木・巨岩・大滝に神の存在を抱く神道に相通じるものを感じる。

庄司さんのもう一つの側面は、現代の政治や日本の将来に無関心でいられない憂国の士、国士であって、数多くの研修会を主催する青岳社を指導されている。


（谷光太郎、１９４１年香川県に生まれる。東北大学法学部卒。三菱電機、山口大学教授、大阪成蹊大学教授を経て現在に至る）

参考文献

・サミュエル・Ｐ・ハンティントン『文明の衝突』鈴木主税編注　集英社
・岡田裕之「前方後円墳」『日本古代史大辞典』　大和書房
・ディスカバージャパン　えい出版社
・百舌鳥・古市古墳群、世界遺産へ　日本経済新聞
・トランプ氏、米国大統領杯を授与　日本経済新聞
・大山誠一『「聖徳太子」の誕生 歴史文化ライブラリー』　吉川弘文館
・加藤精一『空海入門』角川ソフィア文庫
・石田尚豊『聖徳太子辞典』　柏書房
・聖徳太子は実在せず？高校日本史教科書に「疑う」記述　朝日新聞
・天皇と皇室　山下晋司　河出書房
・天皇はなぜ滅びないのか　長山靖生　新潮社
・天皇　ケント・ギルバート　徳間書店
・伊勢神宮　式年遷宮　日本テレビＢＯＯＫＳ
・伊勢の神宮　世界文化社
・伊勢神宮の智恵　河合真如　小学館
・日本文化論　有斐閣
・日本人が知らない日本人の遺産　黄文雄　青春出版社
・ＣＯＯＬ　ＪＡＰＡＮ　ＮＨＫ出版
・異文化はおもしろい　講談社
・禅とは何か　古田紹欽《しょうきん》　日本放送協会
・座ればわかる―禅入門　星　覚　文藝春秋
・生花　日本華道社
・歌舞伎と日本人　中村義裕　東京堂出版
・世界の茶文化　原書房
・日本史のなかの茶道　谷端昭夫　淡交社
・能ナビ　中村保　マガジンハウス
・薪能　婦人画報社
・日本の伝統を伝える　ほるぷ出版
・将棋の一二三　神宮館
・チェス　ナツメ社
・香道の作法と組香　雄山閣出版
・日本の伝統文化としきたり　中村義裕　柏書房
・日本画　日貿出版
・書を語る　二玄社
・剣の技　前田英樹　三本堂出版
・弓の道　ＢＡＢジャ出版
・空手　ナツメ社
・大相撲のふしぎ　内館牧子　潮出版社
・相撲のひみつ　新田一郎　朝日出版
・日本の食文化　石毛直道　岩波書店
・ラーメンの歴史学　バラク・クシュナー　明石房
・菓子の文化史　赤井達郎　河原書房
・４７都道府県郷土菓子百科　亀井千歩子　丸善出版
・日本服装史　井筒雅風　光村推古書院
・日本服装史　佐藤泰子　建帛社
・トイレ屎尿水道研究会　ミネルヴァ書店
・日本の刀剣　久保恭子　東京美術
・もっと知りたい刀剣　吉原弘道　東京美術
・「全国ホタル研究会誌」　全国ホタル研究会
・神戸ホタルの会Ｈ・Ｐ（２０１７年１２月解散）

庄司恵一（しょうじけいいち）

MASAコーポレーション会長。
昭和十四年、和歌山県田辺市生まれ、京都育ち。
神戸商科大学（現・兵庫県立大学）卒。
昭和四十七年、京都・五条坂に画廊「大雅堂」を開く。
昭和六十一年、京都・祇園に画廊を移築オープン。
平成二十年八月から現職。

前方後円墳は現代アートである

日本異次元文明論

令和元年十一月十二日　初版第一刷発行

著者　庄司恵一
発行者　光本　稔
発行　株式会社方丈堂出版
〒六〇一－一四二二
京都市伏見区日野不動講町三八－二五
電話　〇七五－五七二－七五〇八
販売　株式会社オクターブ
〒六〇六－八一五六
京都市左京区一乗寺松原町三一－二
電話　〇七五－七〇八－七一六八
編集協力　方丈堂出版編集部
文園企画制作事務所
執筆協力　安田金久　森下かほる
印刷・製本　亜細亜印刷株式会社

Printed in japan　ISBN 978-4-89231-211-3